Der soziale Mensch

Was wir von Demenz über unser Menschsein erfahren

Gesina Stärz

Mit Protokollen aus dem Demenzzentrum Sonnweid

Über die Autorin:

Gesina Stärz war als freie Redakteurin und Autorin unter anderem bei der Süddeutschen Zeitung und der Süddeutschen Mediengruppe tätig. Sie studierte Philosophie, Neue deutsche Literatur sowie Markt- und Werbepsychologie an der LMU München, ist Dipl.-Sozialpädagogin (FH) und systemische Beraterin. Bisher sind von ihr im Verlag edition 8, Zürich, folgenden Romane erschienen: „kalkweiss" (2011), „Die Verfolgerin" (2013), „leben, überwiegend glücklich" (2014).

Impressum

Bibliografische Information der Deutschen Nationalbibliothek:
Die Deutsche Nationalbibliothek bezeichnet diese Publikation
in der Deutschen Nationalbiografie, detaillierte biografische
Daten sind im Internet unter dnb.dnb.de abrufbar.

TWENTYSIX – Der Selfpublishing-Verlag. Eine Kooperation
zwischen der Verlagsgruppe Random House und BoD on
Demand

© Gesina Stärz 2016

Herstellung und Verlag: BoD-Books on Demand, Norderstedt

ISBN: 9 783740 711061

Inhalt

E

Annäherung an einen drittklassigen Aspekt des Menschseins, der erstklassig unser Leben bestimmt

Nach einem Zehnstunden-Arbeitstag in einem Pflegeheim für Menschen mit Multipler Sklerose auf dem Weg nach Hause höre ich im Auto einen Radiokrimi: Eine IT-Firma beschäftigt Autisten, die die Fähigkeit haben in Sekundenschnelle komplexe logische Problemanalysen vorzunehmen und Lösungen zu finden. Allerdings sind sie, wie der Protagonist des Hörspiels, der Zeuge eines Mordes wurde, nicht zur zwischenmenschlichen Kommunikation in der Lage und folglich nicht zu einer Zeugenaussage.

Ich bin in einem Bereich tätig, in dem die Art und Weise der zwischenmenschlichen Kommunikation in einem hohen Maße mit dazu beiträgt, ob ein Mensch sein Leben als lebenswert empfindet. Die Menschen, für die ich mit zuständig bin, befinden sich im fortgeschrittenen Stadium von Multipler Sklerose und können weder eine Haarsträhne aus dem Gesicht streifen, noch selbst essen, allein aufstehen oder sich im Bett herumdrehen, ans Telefon gehen oder mit der Fernbedienung ein Fernsehprogramm ihrer Wahl einstellen. Im Endstadium der Erkrankung können sie nicht schlucken oder sprechen. Menschen, die abhängige Menschen, wie kranke oder immobile alte Menschen, Menschen mit Demenz, Sterbende begleiten, versorgen und betreuen, müssen geschult sein in den hochdifferenzierten Spielarten zwischenmenschlicher Kommunikation oder sozialer Interaktion. Es genügt nicht die Techniken sozialer Interaktion zu beherrschen, sondern gelungene soziale Interaktion setzt voraus, sich in einen Menschen einzufühlen und gleichzeitig die eigenen Befindlichkeiten, die die Begegnung mit sich bringt, wahrzunehmen. Gelungene Interaktion setzt voraus, dass wir uns in einer Haltung der Wertschätzung begegnen, dass wir den anderen, so wie er ist, anerkennen. Für Menschen, die aufgrund von Krankheit, Alter, Demenz von uns abhängig sind, sind Wertschätzung und Respekt als Basis für gelungene soziale Interaktionen existenziell notwendig. Denn nur, wenn man einen Menschen in einer derart eingeschränkten Lebenssituation als gesamte Person sieht, in der Lage ist, seine Ängste zu erkennen, was ihn erfreut und was er wünscht und ihn darin assistiert, seine Bedürfnisse zu erfüllen, selbstbestimmt im gegebenen Rahmen leben zu können, nur dann kann der Mensch Momente des Wohlbefindens, des Glücks, der Freude, kurz sein Leben als lebenswert erleben.

Gerade versucht der Kommissar im Hörspiel den autistischen Protagonisten in die Enge zu treiben, ihn herauszufordern, um aus ihm

Informationen, die zur Aufklärung des Mordes führen, zu erhalten. Der junge Mann beginnt seinen Kopf auf die Tischplatte zu schlagen und stößt dazu Laute aus. Der Kommissar steht unter Zeitdruck, will den Mörder zeitnah zum Mord fassen. Der Autist braucht Zeit, um sich in der Beziehung zum Kommissar sicher zu fühlen. Seine Betreuerin beruhigt ihn und erklärt ihm den Auftrag, den er am nächsten Tag zu bearbeiten hat: Die Entwicklung einer Sicherheitssoftware. Sieht so unsere Zukunft aus: Autistische Menschen werden Computerspezialisten. Menschen, die perfektionistisch die Technik eines Musikinstrumentes beherrschen, werden Ausnahmekünstler. Und Menschen, die spielerisch die Fertigkeiten sozialer Interaktion beherrschen, sind im sozialen Bereich tätig, kümmern sich um alte, demente, schwer beeinträchtigte Menschen?

Gelungene soziale Interaktion ist für alle Menschen Lebensgrundlage. Für jeden

Menschen ist gelungene soziale Interaktion, die auf Einfühlungsvermögen basiert, aus einer Haltung der Wertschätzung geschieht, der Nährboden auf dem wir unsere Fähigkeiten entfalten, auf dem wir Glück, Wohlbefinden erleben können und als Personen wertgeschätzt und anerkannt fühlen. Soziale Interaktion ist die Basis für die persönliche Weiterentwicklung eines jeden Menschen und für die Weiterentwicklung einer Gemeinschaft. Soziale Interaktion, die Art und Weise wie sie geschieht, aus welcher Haltung heraus sie geschieht, kann dazu beitragen Konflikte mit friedlichen Mitteln zu lösen, stabilisiert nachweislich die Leistungsfähigkeit, die Kreativität eines Menschen, ist die Basis für Erfolge im Beruf und Wohlbefinden in der Partnerschaft, sie trägt sogar zur Verbesserung unserer Gesundheit bei, zur Stabilisierung unseres Immunsystems und verändert Vitalwerte wie Bluthochdruck.

Wir Menschen haben die Fähigkeit zum Einfühlungsvermögen. Damit können wir miteinander in Verbindung gehen und weit mehr von anderen Menschen erfassen, als ihre Art und Weise wie sie im Alltag funktionieren. Wir können ihr lebendiges Sein im Moment erfassen und sie unseres. Und wir können aus diesem tiefen Verständnis unseres Menschseins handeln. Die komplexen Fähigkeiten zur zwischenmenschlichen Kommunikation oder sozialen Interaktion sind eine existenzielle Grundlage unseres Menschseins. Sie sind es, die uns eine besondere ethische Verantwortung für uns und die Welt geben. Wir können uns dieser komplexen Fähigkeiten in einer für alle gelungen Weise nur bedienen, wenn wir uns dieser und deren Wirkungsweise bewusst werden. Was ist ein Pianist, der lediglich die Technik des Klavierspielens beherrscht und all die Nuancen, die unsere Seele zum Schwingen bringen, nicht anspricht. Was ist eine Pflegekraft, die perfekt eine

Wunde versorgen kann, wenn sie den Menschen nicht sieht, was ist eine Bedienung in einem Lokal, wenn sie aufgesetzt freundlich Bestellungen entgegennimmt und nicht mit dem Herzen bei der Arbeit ist. Wir machen uns keine großen Gedanken darüber, spüren aber, dass die Welt etwas ärmer ist, dass etwas fehlt und wenn es um die Betreuung von unseren Angehörigen im Pflegeheim geht, entrüsten wir uns, wenn unserer Großmutter, die uns mit unserem Lieblingskuchen verwöhnt hat und bereits, wenn wir zur Tür hereinkamen ohne auch nur ein Wort zu sprechen, angesehen hat, ob uns etwas auf dem Herzen liegt, wie ein Stückgut vom Pflegepersonal vermessen wird und je nach Stand ihres Body-Maß-Index Schokolade essen darf oder nicht.

Angenommen es gäbe sie nicht, all die Fähigkeiten zur zwischenmenschlichen Kommunikation mit denen wir Menschen ausgestattet sind: den Blick in die Augen eines anderen Menschen, das Wahrnehmen der sorgenvollen, freudigen, erregten Stimme eines anderen oder das Eingehen auf ihn, das Hand auf die Schulter legen, wenn der andere die eigene Sorge, Erregung, Angst in der Stimme hört, abgesehen von dem, was wir uns einander mit Worten mitzuteilen haben. Angenommen, der Mensch würde nicht über die Fähigkeiten verfügen, die es ihm ermöglichen mit anderen Menschen sich zu verbinden, in Resonanz zu gehen, Freude und Gedanken, Erlebtes auszutauschen, Lösungen für Herausforderungen zu finden. Wie fühlte sich dann unser Leben an? Leer. Sinnlos. An vielen Tagen nicht mehr lebenswert sagen Menschen, die ich kenne, die aufgrund von Krankheit, die umfangreiche Einschränkungen und Behinderungen mit sich bringt, abhängig sind von anderen Menschen.

Was für Menschen mit Demenz, schwer kranken Menschen, Menschen mit Behinderungen existenziell ist und für eine gute Lebensqualität und Wohlbefinden sorgt – kurz ihnen gut tut, tut allen Menschen gut: nämlich eine für beide Seiten gelungene soziale Interaktion.

Wie muss soziale Interaktion gestaltet werden, damit sie der Ausgangspunkt für Wohlbefinden, Glück, Lebensfreude, die Entfaltung unserer Möglichkeiten als Menschen ist?

Inmitten von Europa, in einer kleinen Stadt in der Nähe von Zürich, in Wetzikon, befindet sich eine Oase in der respektvolle, wertschätzende soziale Interaktion gelebt wird. Man könnte sagen, in der bedingungslose Liebe gelebt wird, und zwar jenseits einer christlichen Konfession oder jenseits einer ideologischen Ausrichtung. Das Demenzentrum Sonnweid, das weltweit als Best Practise Beispiel gilt und von Michael Schmieder, der bis heute das Haus, mittlerweile gemeinsam mit seiner Frau Monika Schmieder, leitet, Ende der achtziger Jahre übernommen und zu dem was es heute ist, entwickelt wurde, ist Ausgangspunkt einer

Reise in die Welt gelungener sozialer Interaktion. Hier können wir, bereits wenn wir das Haus betreten, erleben wie sich Menschen wandeln, wenn sie so angenommen werden wie sie sind. Menschen wollen wahrgenommen und in ihrem Sosein anerkannt werden, das ist die Basis jeder gelungenen sozialen Interaktion: die Quelle von Freude, Wohlbefinden, für die Entfaltung des eigenen Seins und für ein gelungenes Miteinander in allen Bereichen des Lebens. Wer diese Art des Miteinander selbst einmal erfahren hat, selbst mit dieser Haltung lebt, weiß, dass sich hinter der Ausdrucksweise „gelungene soziale Interaktion" etwas verbirgt, das mit Liebe zu bezeichnen ist. Kommunikationswissenschaftler, Soziologen, Neurowissenschaftler, Epigenetiker und viele andere Wissenschaften beschäftigen sich mit den Auswirkungen gelungener sozialer Interaktion, erforschen emotionale und soziale Intelligenz, verorten die Schaltzentren in unserem Gehirn und erfassen die biochemischen Stoffwechselprozesse, die in unserem Körper sich vollziehen und wie sie unser Immunsystem stabilisieren oder destabilisieren, ja sogar Gene verändern. Die Ergebnisse sind erstaunlich. Von Menschen, die sich in existenziellen Grenzsituationen befinden, die also abhängig von ihren Mitmenschen und der Art und Weise wie sie mit ihnen umgehen sind, können wir viel über die Wirkungsweise sozialer Interaktion erfahren, insbesondere wenn wir Teil dieser Interaktion sind. Bereits der Psychogerontologe Tom Kitwood, der den person-zentrierten Ansatz entwickelte, auf den noch einzugehen ist, sagte: „Der Kontakt mit Demenz und anderen Formen schwerer kognitiver Beeinträchtigung kann und sollte (!) uns aus unseren üblichen Mustern der übertriebenen Geschäftigkeit, des Hyperkognitivismus und der Geschwätzigkeit herausführen in eine Seinsweise, in der Emotion und Gefühl viel mehr Raum gegeben wird. Demente

Menschen, für die das Leben der Emotionen oft intensiv und ohne die üblichen Hemmungen verläuft, haben den Rest der Menschheit unter Umständen etwas Wichtiges zu lehren. Sie bitten uns sozusagen, den Riss im Erleben, den westliche Kultur hervorgerufen hat, zu heilen und laden uns ein, zu Aspekten unseres Seins zurückzukehren, die in evolutionärem Sinne viel älter sind, stärker mit dem Körper und seinen Funktionen im Einklang stehen und dem Leben aus dem Instinkt heraus näher sind." (2008:23). Dieses Essay ist ein Plädoyer für gelungene soziale Interaktion unter dem Vorzeichen der Liebe.

Ich danke Michael und Monika Schmieder, dem Team und den Bewohnern der Sonnweid sowie der Stiftung Sonnweid für die großartige Unterstützung.

1

Von Mensch zu Mensch: Die übersehene Bedeutung sozialer Interaktion

Es ist ein heißer Augusttag. Temperaturen um die 33 Grad. Ich habe mir eine Woche frei genommen und fahre am Südufer des Bodensees entlang in Richtung Zürich. Ich fahre nicht auf ein Urlaubsziel zu, sondern in das Demenzzentrum Sonnweid in Wetzikon bei Zürich. Eine Woche unter alten Menschen mit Demenz in einem Heim bei Hochsommerwetter. Keine Wolke am Himmel. Während der Autofahrt sehe ich die Menschen leicht bekleidet mit bunten Badetaschen zum Ufer des Bodensees laufen. Segler gleiten träge über den See in flirrender Mittagsglut. Und ich? – verbringe eine Woche mit alten und dementen Menschen, weil ich glaube etwas Wesentliches über die Natur des Menschen zu erfahren.

Das Demenzzentrum liegt am südlichen Rand der Kleinstadt. Rechts der sonnendurchfluteten Straße befindet sich ein moderner Bau mit großflächigen umlaufenden Außenbalkonen in allen Stockwerken. Von der Terrasse im zweiten Stock grüßen zwei Menschen. Es sind Skulpturen aus Holz. Am Eingang prangt eine Steinplastik, ein überdimensionales Gehirn. Das Foyer ist ein riesiger Glaskubus, wie bei modernen Bürogebäuden und doch wirkt es anders. Die Einrichtung, die man durch die Glasfronten sieht, wirkt einladend. Da stehen zwei Ohrensessel mit einem Tisch in der Mitte, von oben flutet Licht durch die Oberfenster und ab und zu huscht ein Mensch vorbei. Wie hineinkommen in das Foyer? Ich tippe einen Zahlencode in das Kästchen neben dem Eingang und die Tür lässt sich öffnen. Sofort befindet sich ein Mann an meiner Seite, ein Herr, gepflegtes Äußeres, in einer grauen Hose und einem hellblauen Hemd aus dessen Brusttasche ein Seidentüchlein herausschaut. „Moment, lassen Sie die Tür offen. Ich muss in die Stadt." Er hat fast die Tür erreicht und es spricht nichts dagegen ihm die Tür aufzuhalten und ihn passieren zu lassen, bis auf etwas, das mich zögern lässt und was ich nicht zu erklären vermag. Ist er Bewohner und hat Demenz oder ist er Besucher, ein Angehöriger vielleicht? Die Tür fällt zu, bevor er sie erreichen kann. Ich entschuldige mich bei ihm und sage ihm, dass ich nicht weiß, wie sie sich wieder öffnen lässt. Ich sehe neben der Tür das gleiche Zahlenkästchen wie es draußen angebracht ist. Vermutlich ließe sie sich mit der gleichen Zahlenkombination öffnen. Der Herr sagt, dass er abgeholt werde und, ob ich ihm nicht bitte die Tür öffnen könne. Ich weiß nicht, was zu tun ist. Ich suche nach einer Mitarbeiterin oder einem Mitarbeiter. Vielleicht muss er tatsächlich dringend heraus. Schon kommt eine Frau in einem blauen Dress mir entgegen. Noch bevor ich etwas sagen kann, sagt sie „Grüezi", schaut mir in die Augen, strahlt und lenkt sofort ihre Aufmerksamkeit dem Herren zu: „Herr Schlatter*, schön Sie zu sehen. Ist das nicht ein wunderbarer Nachmittag. Darf ich Ihren Arm nehmen? Ich begleite Sie ein Stück." Der Herr nickt, lächelt zögerlich und sagt, dass er hier raus wolle. Er müsse in die Stadt. „Oh, in die Stadt wollen Sie", sagt die Mitarbeiterin, die ich Lian nenne, ihr tatsächlicher Name steht auf einem Namensschild, das an ihrem Dress befestigt ist. „Das geht aber jetzt nicht, Herr Schlatter, denn dann müsste ich Sie in die Stadt begleiten. Das kann ich aber nicht. Ich habe hier Dienst. Ich kann leider nicht weg." „Ich muss aber etwas Dringendes erledigen", sagt Herr Schlatter. „Oh, das tut mir Leid. Aber kann ich Ihnen vielleicht helfen, Herr Schlatter. Was brauchen Sie denn? Vielleicht haben wir es da. Wir beide können im Garten etwas spazieren gehen. Wie wäre das?" Lian steht nah bei Herrn Schlatter, schaut ihn an als lese sie jeden seiner Gesichtszüge, antwortet erst, nachdem sie nicht nur aufmerksam seine Worte wahr-genommen, sondern auch in seinem Gesicht gelesen hat. Herr Schlatter lächelt, tätschelt mit einer Hand ihren Unterarm und die beiden gehen in Richtung Garten.

Auf meinem Weg durch die großzügigen Gänge, in denen in größeren Abständen ein oder zwei Sessel stehen, es am Ende des Ganges eine Nische mit Panoramafenstern und einen Blick in den Garten, einem Kamin, der durch Glas gesichert ist, und Sitzmöbel gibt, begegnen mir viele ältere Menschen, die durch das Haus spazieren. Einige freundlich lächelnd, einige sich unsicher um-schauend, etwas vor sich hinmurmelnd, einige vor sich hin sinnend. Alle sind gut gekleidet, eine ältere Dame in einem roten Sommerkleid zu dem sie eine Perlenkette trägt, ein Herr in einem hellblauen Hemd und einer Leinenhose. Und Pflegekräfte sowie Pflegehilfskräfte, erkennbar an verschiedenfarbigen Poloshirts. Wenn sie einem Bewohner begegnen, dann halten sie inne, schauen ihn an als lesen sie in Bruchteilen von Sekunden wie sein Befinden ist, sprechen ihn freundlich und ruhig mit Namen an, berühren ihn oder fragen, ob er oder sie nicht vielleicht mit den anderen, die auf der Terrasse an einem Tisch sitzen, einen Kaffee trinken, ein Wortratespiel spielen oder einfach nur bei ihnen sitzen möchte.

Ich setze mich in einen der Sessel im Stübli, beobachte die Szenerie. Immer mehr Menschen kommen, Familien, die ihre Angehörigen besuchen wollen, ein Bewohner, der ruhelos sich mal auf den einen, mal auf den anderen Platz setzt, eine Bewohnerin, die eifrig Teller stapelt, Bewohner die Kaffee trinken und Kuchen essen. Trotz der anschwellenden Betriebsamkeit im Stübli, bleibt die Atmosphäre ruhig. Ein heißer Augusttag, von der Terrasse blickt man auf ein gelbes Getreidefeld, am

Horizont in flirrender Hitze schemenhaft Bergketten zu sehen, im Garten gehen Bewohner spazieren, andere sitzen im Schatten an Tischen verspeisen Kuchen, trinken Kaffee. Im Stübli wirkt das geschäftige Treiben als tanzten alle Anwesenden, die Bewohner, die Pflegerinnen und Pfleger, die einen lächelnd, die anderen vor sich hin sinnend, konzentriert geschäftig Geschirr stapelnd und dazwischen Angehörige. Und obwohl die Szenerie surreal wirkt, wohl weil die Protagonisten Dinge tun, deren Sinn sich dem Betrachter nicht erschließt, findet sich auf allen Gesichtern ein Ausdruck von Wohlgefallen und Geborgenheit. Ich selbst fühle mich sonderbarerweise beglückt in so einer Gesellschaft zu verweilen. Ich denke an die vielen Journalisten, die Sonnweid besuchten, in ihren Reportagen ähnliches beschrieben und nach dem Geheimnis von Sonnweid fragten. Worin besteht es?

*Alle Namen in diesem und allen folgenden Protokollen wurden geändert.

Es sieht aus wie Tanzen. Und es ist mehr. Wie die Pflegerinnen und Pfleger mit den Bewohnern interagieren, erinnert an Aikido, der japanischen Bewegungs- und Kampfkunst, bei der Gedanken und Handlungen in Harmonie geordnet werden, Angriffsenergie des Gegenüber nutzbar gemacht wird. Schaut man beim Aikido zu, dann sieht das Aufnehmen und Umleiten von Angriffsenergie aus wie Tanzen, ein Fließen der Bewegungen. Ähnlich wirkt die Interaktion zwischen Pflegekräften und Bewohnern im Demenzzentrum Sonnweid. Ansprechen aus der Bewegung heraus mit dem für die Situation und den Bewohner richtigen Abstand, berühren, wie es für ihn angenehm erscheint, begleiten zum Tisch, erleichterter Ausdruck im Gesicht des Bewohners, freudiger Blick auf den angebotenen Kaffee. Fließen. Eine Interaktion, die in fließenden Bewegungen sich von Mensch zu Mensch ausbreitet.

Steckt dahinter etwas, das der Psychologe Mihaly Csikszentmihalydi als Fließen oder *Flow Effect* bezeichnet. Unter dem Begriff *Flow Effect* versteht Csikszentmihalydi, wenn die Aufmerksamkeit derart konzentriert ist, dass man nur noch das wahrnimmt, was mit der Aufgabe zu tun hat und alles andere ausblendet. Csikszentmihalydi hat Beschreibungen solcher Zustände in zwanzig Jahren Forschungsarbeit zusammengetragen und gesehen, dass es diesen Zustand wohl in jedem Beruf gibt, denn Künstler, Musiker, Sportler, Komponisten, Chirurgen, Schachmeister, aber auch Ingenieure und Büroangestellte beschreiben einen solchen Zustand. Höchste Konzentration führt zum Erlebnis des Fließens, einem Zustand, in dem die neuronalen Schaltungen am effizientesten arbeiten und die kortikale Erregung erstaunlicherweise sehr niedrig ist (Goleman, 1997: 121f.) Die Art und Weise wie die Pflegerinnen und Pfleger mit den Bewohnern interagieren mutet wie ein Zustand des Fließens an. Für mich als Beobachterin zeigt sich dieser Zustand in der Interaktion von professionellen Mitarbeitern mit den dementen Bewohnern als Leichtigkeit, als Tanzen. Sind die Mitarbeiterinnen und Mitarbeiter, die Menschen mit Demenz begleiten, versorgen, darin geschult die komplexe soziale Interakation derart perfekt zu beherrschen, dass sie in einen Flow-Effekt geraten? Ist die Art und Weise, wie soziale Interaktion geschieht, das Geheimnis von Sonnweid? Welche Aspekte der komplexen zwischenmenschlichen Kommunikation greifen hier? Wie kann man sie lernen? Kann diese Art der zwischenmenschlichen Interaktion in anderen Bereichen angewendet werden? Führte sie vielleicht zu einem bewussteren und wertschätzenderem Miteinander in allen gesellschaftlichen Bereichen?

Wir Menschen sind soziale Wesen. Ohne Gegenüber können wir nicht leben. Eine Tatsache, die in allen Zeiten Gegenstand von philosophischen Schriften und der Forschung in verschiedensten Fachgebieten wie Soziologie, Psychologie, Kommunikationswissenschaft bis hin zu den modernen Neurowissenschaften unserer Tage war und ist und der wir in der Praxis eine geringe Bedeutung geben, wenn es darum geht gezielt, gelungene soziale Interaktion für ein besseres Miteinander einzusetzen. Die Methoden und Erkenntnisse der Wirkungsweise gelungener sozialer Interaktion werden vor allem in Kontexten eingesetzt, in denen Verhaltensweisen auf-tauchen, die die Gesellschaft meist als defizitär oder auffällig bewertet. Für Menschen, die als defizitär bewertete Verhaltensweisen zeigen, gibt es ausgebildete Therapeuten. Für Men-schen, die mit ihren bisherigen Verhaltens-mustern an Grenzen kommen, sich weiter-entwickeln wollen ebenso wie für die Optimierung der Kommunikationsabläufe in Organisationen gibt es Kommunikationstrainer, Mediatoren und viele andere Experten aus verschiedenen Berufsgruppen. Die Erkenntnisse der Wirksamkeit gelungener sozialer Interaktion, die grundlegende Werthaltungen des Menschen wie respektvollen, wertschätzenden Umgang voraussetzen, sind selten ohne ausgemachten Problemkontext Bestandteil unseres Bildungssystem, von Unternehmenskulturen, der Politik, der Wissenschaft oder anderen Bereichen. Sie sind bestenfalls als Werte sperrig formuliert in digitalen Ordnern unter den Begriffen Unternehmensphilosophie oder Unternehmensleitbild abgelegt.

Die Bezeichnung „sozial" steht in unserer Gesellschaft meist für ein Defizit. Sozial schwache Menschen sind Menschen, die unterstützungsbedürftig sind. Meist ist monetäre Unterstützung durch Sozialleistungen des Staates gemeint. Die Bezeichnung „sozial" taucht auf, wenn es um Familien geht, Alleinerziehende, Rentner, Menschen mit Behinderung. Aus verschiedensten Gründen, ist es für manche Menschen schwierig mit anderen Menschen Kontakt aufzunehmen und soziale Beziehungen aufzubauen. Es ist Aufgabe des Staates, Menschen, die als sozial schwach gelten, zu unterstützen, Strukturen zu schaffen, in denen soziale Teilhabe möglich ist. Das Recht auf „soziale Teilhabe" ist ebenso gesetzlich verankert wie das Recht auf Selbstbestimmung. Insofern ist in unserer Kultur die Bedeutung der Natur des Menschen als soziales Wesen im Wesentlichen anerkannt. Ministerien, unzählige Einrichtungen, Beratungsstellen, Menschen verschiedenster Professionen, Verwaltungen beschäftigen sich mit der Erfüllung des Rechtsanspruches.

Weniger in unserem gesellschaftlichen Bewusstsein angekommen ist die Bedeutung von sozialer Interaktion, die Art und Weise, wie wir Beziehung gestalten, wie wir täglich handeln. Das Wissen darum, dass wir unsere Persönlichkeit, unser Selbst, unsere Fähigkeiten, unsere Ressourcen nur durch den ständigen

Prozess unseres miteinander durch soziale Interaktion entwickeln können, ist derzeit noch eher marginal in unserem Bewusstsein verankert.

Der Mensch als soziales Wesen ist kein willkürliches Konstrukt, sondern die Basis für alles, was uns Menschen ausmacht, für die Entwicklung unseres Selbst, die Entwicklung von Werten und Normen, dafür wie wir leben. Wir brauchen, um uns entwickeln zu können, ein Gegenüber. Eine Erkenntnis, die in ihren Grundzügen mehrere tausend Jahre alt ist. In unserer Kultur befasste sich Platon in seinen Werken, vor allem im Phaidros und im Politikos, mit der dem Menschen eigenen Natur und damit Fähigkeit soziale Gemeinschaften zu bilden. Die Natur des Menschen als politisches Wesen, als zoon politikon, hebt Aristoteles hervor. Der Mensch strebt grundsätzlich nach dem guten Leben. Dieses Streben ist nach Aristoteles in der Natur des Menschen angelegt. Dieses Ziel kann nur in der

Polis, in der Gemeinschaft, verwirklicht werden. Voraussetzung für die Verwirklichung von Glück und Freude ist, dass der Mensch ein sprachbegabtes, rationales Wesen ist und beispielsweise Gutes und Gerechtes von Schlechtem und Ungerechtem unterscheiden kann. In seiner Nikomachischen Ethik führt Aristoteles aus, dass unsere Leidenschaften richtig angewendet, unsere Werte und unser Denken bestimmen.

Aus den grausamen Experimenten zur Entstehung der Sprache, die, laut Überlieferung, vor etwa 2500 Jahren im 7. Jahrhundert vor Christus der ägyptische König Psammentich und vor etwa 900 Jahren der Stauferkaiser Friedrich II., der von 1194 bis 1250 lebte, anordnete, ebenso aus den Berichten über die Wolfskinder, ist zu entnehmen, dass soziale Interaktion, emotionale Zuwendung nicht nur für die Entwicklung menschlicher Fähigkeiten, wie Sprache, kognitive Fähigkeiten, emotionale Intelligenz und viele andere notwendig sind, sondern von grundsätzlicher existenzieller Bedeutung sind. Wie das Experiment des Stauferkaisers durchgeführt wurde, ist nicht bekannt. Es gibt lediglich Hinweise zum Ergebnis, aus denen hervorgeht, dass alle Kinder aufgrund fehlender sensorischer Stimulation starben.

Heute wissen wir, dass in unserem Gehirn, wenn wir soziale Ausgrenzung erleben, genau jenes Areal reagiert, das auch aktiv ist, wenn wir körperlichen Schmerz erleben. Es handelt sich um den anterioren cingulären Kortex.

Zu den Grundbedingungen menschlicher Existenz gehört, dass der Mensch nicht als Einzelwesen existiert, sondern von Geburt an andere Menschen vorfindet, wie Hannah Arendt schreibt: „Für Menschen heißt Leben – so viel wie ‚unter Menschen weilen' und Sterben so viel wie ‚aufhören unter Menschen zu weilen'." (Arendt, 1981: 15) Dieses Faktum ist nach Hannah Arendt die Grundbedingung dafür, dass es so etwas wie Politik gibt und Sprache bringt die Pluralität und die Einzigartigkeit eines jeden Menschen zum Ausdruck.

Die Philosophen hoben hervor, dass die Existenz von mehreren Menschen Bedingung für menschliche Existenz, für die Entwicklung und Gestaltung von Gesellschaft, eines Staates ist. Die empirische Forschung unserer Zeit, beschäftigt sich damit, welche Auswirkung die Qualität der zwischenmenschlichen Beziehung oder wie es in der Fachsprache heißt, der interpersonalen Kommunikation oder sozialen Interaktion auf die Entwicklung und Entfaltung unserer in uns angelegten Fähigkeiten und sogar auf Gesundheit und Wohlbefinden hat.

Aufgrund der Beobachtung, dass manche Menschen über eine bessere soziale Interaktionskompetenz verfügen als andere, begannen Sozialwissenschaftler in den 60er Jahren des vorigen Jahrhunderts empirische Forschungen über die Wirkung verschiedener

Fertigkeiten sozialen Verhaltens. Die Ergebnisse sind eindeutig: Menschen mit stärker entwickelten sozialen Fertigkeiten können besser mit Stress umgehen, meistern besser Veränderungssituationen im Leben, haben engere persönliche Beziehungen, ein größeres Netzwerk freundschaftlicher Bindungen, sie sind beruflich erfolgreicher. Ärzte, die über stärkere soziale Kompetenzen verfügen und besser auf ihre Patienten eingehen können, beeinflussen damit das Wohlbefinden ihrer Patienten. Dies gilt ebenfalls im Pflegebereich. Bessere soziale Fertigkeiten von Pflegekräften beeinflussen die Lebensqualität der zu Pflegenden. Die interpersonalen Kompetenzen von Lehrern verbessern die Ergebnisse von Schülern. Das sind einige Ergebnisse, die verschiedene empirische Studien belegen (Hargie, 2013:18).

Zu Ergebnissen, die unser Zusammenleben verändern kann, ist eine neue Forschungsrichtung gekommen. Die soziale Neurowissenschaft hat sich erst Anfang der 1990er Jahre entwickelte. Forscher aus den verschiedensten Disziplinen führen ihre Forschungsansätze zusammen, um soziale Strukturen und ihre neuronalen, humoralen, zellulären und genetischen Grundlagen zu erforschen. Dabei gehen die Forscher von einer wechselseitigen Beeinflussung der verschiedenen Ebenen aus. Untersuchungsgegenstand der Forscher sind Hirnprozesse, und zwar auf intraindividueller Ebene und auf der Ebene zwischen Individuen. Es geht um die Fragestellung wie sich interpersonale Kommunikation auswirkt und worauf. So bestätigt die neurobiologische Forschung, die Erkenntnis, dass das Bedürfnis nach Kontakt mit anderen Menschen in unseren Gehirnstrukturen bereits angelegt ist.

„Die Neurowissenschaft hat herausgefunden, dass unser Gehirn als geselliges Organ konstruiert ist, das unweigerlich eine enge

Verbindung mit dem Gehirn jeder Person aufnimmt, mit der wir es zu tun haben. Diese neuronale Brücke ermöglicht es uns, auf das Gehirn – und damit auch den Körper – eines jeden Menschen Einfluss zu nehmen, mit dem wir in Kontakt treten; ein Prozess, der in umgekehrter Richtung natürlich ebenfalls stattfindet. Selbst ganz alltägliche Begegnungen wirken auf unser Gehirn ein und setzen Gefühle frei, wünschenswerte und weniger wünschenswerte. Ja stärker wir mit einer Person verbunden sind, desto stärker ist die gegenseitige Einwirkung. [...] Bei diesen neuronalen Kontakten tanzen die beiden Gehirne Tango, einen sehr gefühlsbetonten Tanz." (Goleman, 2008: 9)

Da ist es wieder, das Bild vom Tanzen, das ich an jenem Nachmittag in Sonnweid auf der Station für immobile Menschen mit schwerer Demenz beobachtete. Die Türen zu den umlaufenden Terrassen sind offen, der Blick in die Berge frei, ein laues Lüftchen weht durch den Raum, in dem etwa dreißig Menschen, Männer und Frauen mit Demenz, Kinder, Angehörige, Pflegekräfte Kaffee trinken, miteinander reden, geschäftig Teller und Tassen von einem Tisch zum anderen tragen, sich berühren, wild gestikulieren. Als tanzten sie einen Tanz, nach einer Melodie, die ich als einzige nicht hören, deren Rhythmus ich an den Bewegungen erahnen kann: eine beschwingte Melodie mit feurigen Einlagen, wie sie die Frau zeigt, die das Geschirr eifrig von Tisch zu Tisch trägt und stapelt und der Herr, der hinter ihr her schreitet, um seinen Kuchenteller mit dem Stück Kuchen darauf wiederzubekommen, wie er mit den Armen in der Luft fuchtelt und eine Pflegerin von hinten ihren Arm um seine Hüfte legt, ihn von der Seite ins Gesicht sieht, in seine Augen, er ihren Blick erwidert, sich von ihr Einhalt gebieten lässt, während eine andere Pflegerin von vorn ihm seine Hand nimmt, ihn an seinen Tisch begleitet, ihn einen frischen

Kaffee anbietet und ein Stück Kuchen. Vor mir gibt ein Kind der im Sessel schlafenden Frau die Hand, die Mutter des Kindes beugt sich zur im Sessel schlafenden Frau, die sie mit großen Augen ansieht. Die Mutter des Kindes lächelt, sagt: „Grüezi Nani. Wir haben dir frische Sommerblumen aus dem Garten mitgebracht. Schau mal. Magst du sie sehen." Und die Frau im Sessel, noch schlaftrunken, nickt und ihre Augen weiten sich und funkeln. Offensichtlich scheint es den Menschen mit schwerer Demenz ebenso wie den Pflegerinnen und Pflegern, den Angehörigen in diesem lichtdurchfluteten Raum im ersten Stock an diesem heißen Augustsommernachmittag gut zu gehen. Einige Bewohner gehen hinaus auf die Terrasse legen sich auf das Sofa, fläzen im Sessel.

Wir haben mit der Art und Weise wie wir mit Menschen interagieren in der Hand, ob es ihnen und uns gut geht. Durch gelungene soziale Interaktionen entstehen positive Emotionen und die beeinflussen unseren Körper, unsere Hormone, die unser biologisches System steuern, das Herz, das Immunsystem und viele andere. Umgekehrt wirken sich anstrengende menschliche Beziehungen ungünstig auf unsere Gene, die unser Immunsystem regulieren aus. „Positive Beziehungen haben einen günstigen Einfluss auf unser Wohlbefinden, negative Beziehungen hingegen können wie ein langsam wirkendes Gift unseren Körper angreifen." (Goleman, 2006: 19). John Cacioppo, einer der Begründer der Sozialen Neurowissenschaft, Direktor des Zentrums für kognitive und soziale Neurowissenschaft an der Universität von Chicago, konnte „bei seinen ersten Studien einen Zusammenhang zwischen quälenden Beziehungen und dem Anstieg der Stresshormone im Körper herstellen. Dabei wird ein Spiegel erreicht, bei dem bestimmte Gene beschädigt werden, die an der Steuerung von

virenbekämpfenden Zellen beteiligt sind."
(Goleman, 2006: 18)

Die soziale Interaktion in Sonnweid und in vielen anderen Demenzeinrichtungen ist offensichtlich gezielt darauf ausgerichtet, dass sich die Menschen mit Demenz wohlfühlen. Doch wie muss soziale Interaktion gestaltet sein, damit sich alle beteiligten Menschen wohlfühlen? Was ist soziale Interaktion? Was gehört dazu?

Wenn wir der Interpretation der Forschungsergebnisse der sozialen Neurowissenschaft von Daniel Goleman folgen, der sagt: „Die gegenseitige biologisch-somatische Beeinflussung von Menschen verweist auf eine neue Dimension der Idee eines guten Lebens: Wir sollten uns so verhalten, dass wir allen, mit denen wir in Beziehung treten, selbst auf dieser subtilen Ebene Gutes tun.", dann tut das, was Menschen mit Demenz gut tut, allen Menschen gut. Eine These, die ebenfalls der Leiter des Demenzzentrums, Michael Schmieder vertritt.

Dies bedeutet aber auch, dass wir am Umgang mit Menschen mit Demenz, deren Anzahl in unsere Gesellschaft aufgrund des demografischen Wandels in den nächsten Jahrzehnten stark ansteigen wird – von heute 1,6 Millionen bis 3,2 Millionen im Jahr 2050 in Deutschland -, erfahren können, dass gelungene soziale Interaktionen wie ein Therapeutikum sind und ein Schlüssel, der die Tore zur Entfaltung unser Möglichkeiten als Menschen öffnet.

Was genau ist es, was uns Menschen, wenn wir miteinander kommunizieren, wenn wir uns austauschen, gut tut, unsere Fähigkeiten entwickeln lässt, gut für unser Immunsystem und unsere Lernfähigkeit ist?

2

Vom Mensch zum Mitmensch: Dazwischen Beziehung.

Am Abend nach meinem ersten Tag in Sonnweid fahre ich nicht gleich in das Haus, das mir Michael Schmieder und seine Frau für meinen Aufenthalt zur Verfügung gestellt haben. Ich biege in den Wiesenweg gegenüber dem Demenzzentrum Sonnweid ein. Die Gräser und Wiesenblumen duften und strahlen Sommersonnenwärme ab. In der Ferne höre ich Schüsse und mutmaße, dass sich in dem Wäldchen am Rande der Wiese ein Schießstand befindet. Auf einer Bank an einem Wiesenbach lasse ich mich nieder. Hundebesitzer lassen ihre tierischen Begleiter von der Leine darauf achtend, dass sie nicht in der Wiese verschwinden. Ich bin satt und trunken von den Erlebnissen des Tages in Sonnweid, von den strahlenden Gesichtern der Bewohner, der Frau im roten Kleid, die mir auf der Terrasse gegenüber saß und herzlich lachte, die ich für Mitte siebzig hielt und von der ich erfuhr, dass sie siebenundneunzig Jahre alt ist. Ich spüre noch wie wohltuend es war mit der kleinen Gruppe dieses seltsame Buchstabenspiel zu spielen. Es gab Regeln, aber keiner kannte sie. Alle am Tisch hießen mich willkommen und erzählten mir etwas aus ihrem Leben, angeregt von Buchstaben, den die Pflegerin aus einem Stapel zog und auf den Tisch legte. Ich sollte auch etwas erzählen. Ich kam keine zweite Sätze weit, schon fiel jemand ein, trällerte ein Lied, weil ihn etwas aus meinen Sätzen an etwas erinnerte. So ein schöner Nachmittag, waren sich alle einig. Und: Kommen Sie bald wieder zu uns. Was war es, was dieses Wohlgefühl in dieser Runde erzeugte? Lachen steckt an, Heiterkeit steckt an, Emotionen stecken an. Wir haben Zellen in uns, die dies ermöglichen. Aber das allein war es nicht. Eine Hummel taumelt auf eine Kamillenblüte. Meine Gedanken wandern durch den milden Sommerabend in eine Klinik am Starnberger See, in der ich im Frühjahr eine Frau besucht hatte.

„Bitte wählen Sie die Nummer 611 und melden Sie sich auf der Intensivstation an. Ein Mitarbeiter wird Sie abholen.", stand auf einer großen Tafel. Die Intensivstation befand sich im Untergeschoss der

Klinik. Maria Rond lag in einem Zimmer am Ende des Ganges, hinter ihr Geräte, die unter anderem ihren Blutdruck und Puls anzeigten, die Sättigung des Sauerstoffs im Blut. Maria Rond war Ende vierzig und aufgrund der Schwere ihrer Erkrankung war abzusehen, dass sie in den nächsten Tagen sterben würde. Die Ärztin hatte mit ihr besprochen, wie sie ihren Sterbeprozess medizinisch begleiten kann, sodass sie nicht leiden muss. Als ich ans Bett von Maria Rond trat, schaute sie mich aus weit aufgerissenen Augen an. Sie ließ nicht für den Bruchteil einer Sekunde den Blick von meinen Augen. Sie konnte sich verbal nicht äußern, ebenso keinerlei körperliche Signale geben, lediglich mit den Augen „sprechen". Sie war bei vollem Bewusstsein und hatte keine kognitiven Einschränkungen. Ich war ratlos. Was sollte ich tun, wie konnte ich über die Augen all das fragen, was ich sie fragen und all das sagen, was ich ihr sagen wollte: Ob ihr Sohn und ihr Mann, den sie sonst nie sehen wollte, kommen sollen. Ob ich selbst bei ihr bleiben, ihr etwas von ihrem Lieblingssee erzählen soll, ob ihr Musik gut tut oder Düfte. Einige Wünsche für diese Stunden hatte sie in ihrer

Patientenverfügung notiert. Vanilleduft wolle sie um sich haben und beruhigende Musik hören. Galt das noch? Sollte ich einfach schweigend einige Zeit an ihrem Bett verbringen, meine Hand auf ihre Hand legen? Was würde ihr angenehm sein? Ich konzentrierte mich auf meinen Atem, nahm wahr wie hilflos ich war und stellte meine Hilflosigkeit gedanklich an meine Seite. Sie war mit mir. So war das nun mal. Langsam versiegte mein Gedanken-strom. Ich bemerkte, dass wir uns die ganze Zeit angesehen hatten. Maria Rond wendete nicht für einen Bruchteil einer Sekunde ihren Blick von meinen Augen. Ihre Augen strahlten, sie waren voller Vitalität. Braungrüne Augen. Etwas in mir sagte, was ich tun soll: Sie anblicken. Ihre Augen mit meinen sprechen lassen. Wir begegnen uns über die Augen. Die Zeit — es gibt sie nicht. Ich beginne langsam zu sprechen: Ich sage ihr, dass ihre Augen strahlen und voller Kraft und Leben sind und das sie in den Farben ihres Lieblingssees schimmern, wie wir ihn letzten Sommer gesehen haben, bei unserer letzten Schifffahrt: Türkis-grün. Und ich erzählte ihr, dass heute ein wunderschöner Frühlingstag ist, so wie sie ihn liebt: strahlender

Sonnenschein, stahlblauer Himmel, reingewaschen vom Regen und ein paar Federwolken ziehen über ihn dahin, als streichelten sie ihn. Und dass ein kühler Wind weht, sanft über die Haut streicht, so angenehm kühl, wie sie es mag. Und ich erzählte weiter und merkte, dass ich mich in einem Dialog mit ihr befand, dass wir über die Augen sprachen, dass sie mir mitteilte, dass sie in meine Bilder einsteigt. Ich hatte in dem Moment den Eindruck, dass wir verbunden waren und ich Dinge anspreche, die sie innerlich spricht. Ich fragte sie, ob ihr Sohn und ihr Mann kommen sollen. Wenn ja, solle sie, wenn es ihr möglich ist mit dem Kopf nicken. Ein unmerkliches Nicken, das für mein Verständnis eigentlich nicht mehr nötig war. Sie bewegte die Augen. Zustimmung. Vom Gang der Intensivstation drangen Geräusche. Maria Rond ließ ihren Blick nicht von meinem.

Grüezi, sagt eine Frau, die hinter einer Hecke auftaucht, und ich finde mich wieder sitzend auf der Bank am Wiesenbach in Wetzikon und sehe in die Augen der Frau, die Grüezi gesagt hat. Die sind braungrün und lachen und wir beide wissen, dass wir uns in diesem Blick begegnen.

Es ist uns möglich, jenseits des Wortes miteinander in Verbindung zu treten. Ich vermag nicht in Worte zu fassen, was ich in der Verbindung mit Maria Rond erlebt habe. Ich bin ihr begegnet und muss einen Punkt hinter dieser Aussage setzen. Etwas anderes kann ich nicht sagen. Vielleicht vermag es eine plausible Erklärung für die Bilder geben, die vor mir entstanden und die ich Maria Rond mitteilte. Die Bilder vom See tauchten vielleicht auf, weil ich Maria Ronds Sehnsucht nach dem See kannte. Sie wohnte mit ihrer Familie und ihrem Sohn an diesem See, als sie noch gesund war. Sie fuhr mit dem Fahrrad zum See, um im See zu schwimmen. Ihre Krankheit führte zu schwerer Behinderung. Sie konnte sich nur noch mit fremder Hilfe im Rollstuhl fortbewegen und dennoch unternahm sie jedes Jahr eine Reise zum See, an dem sie längst nicht mehr wohnte. Vielleicht habe ich die Sehnsucht nach dem See schon einmal in ihren Augen gesehen, als wir von ihrem Zuhause sprachen und die Region in meinem Gehirn, die verantwortlich ist für das superschnelle Erfassen von Mimik im Gesicht des Gegenüber, verband die Netzwerke in meinem Hirn, die zu den Bildern vom See führten. Mag sein, dass es für die Verbindung, die sich zwischen uns aufbaute, eine einfache naturwissenschaftliche Erklärung gibt. Vielleicht ließe sich die Verbundenheit zu Frau Rond, die sich einstellte, ebenfalls naturwissenchaftlich erklären. Weil die in den Karten in meinem Gehirn abgespeicherten Erinnerungssequenzen über synaptische Netzwerke mit bestimmten emotionalen Zuständen verbunden waren und diese wiederum korrespondierten, vielleicht über Spiegelneurone, mit denen von Frau Rond, weil sie in dem Moment aktiviert waren. Wer weiß was ein Neurowissenschaftler an Aktivierungsmustern in dem Moment der

Begegnung in Frau Ronds Gehirn und meinem Gehirn hätte sehen können. Für mich war es eine Begegnung mit einem Menschen auf einer Ebene, die ich nicht in Worte fassen kann und könnte man Frau Rond fragen und könnte Frau Rond sprechen, würde sie vielleicht Ähnliches berichten, nämlich, dass sie keine Worte dafür habe. Und doch fand etwas statt, das auch mit dem Wort „Verbindung" nicht korrekt bezeichnet wäre. Es fand eine Begegnung statt. Wir sind uns auf einer Ebene begegnet, die eine besondere Qualität hat, in der sich etwas zutiefst Menschliches offenbart. Vielleicht alles, was uns Menschen ausmacht und von dem wir nur Sequenzen erfassen können. Wir stehen in einem Zweifachen Verhältnis zur Welt. Martin Buber schreibt in seiner 1923 erschienen Schrift „Ich und Du" in einem „Zwiefachen" Verhältnis zur Welt. Die Welt und die anderen Menschen können uns als Objekte erscheinen. Wir vermessen einen Menschen, bestimmen seine Vitalwerte, wie Blutdruck, Blutzucker,

Herzfrequenz, Körpergewicht oder seinen Intelligenzquotienten oder wir vergeben Noten für Leistungen im Fach Mathematik, Englisch, Deutsch. Dieses Verhältnis zur Welt bezeichnet Martin Buber als Ich-Es-Verhältnis. Das andere Verhältnis, das Ich-Du-Verhältnis zur Welt bezeichnet die Beziehung, das Zwischen. Das, was wir als Begegnung wahrnehmen, was sich außerhalb von Zeit und Raum vollzieht, weil es die Welt der Objekte nicht kennt. Es ist das, worauf wir uns beziehen, das was zwischen uns ist oder geschieht, das, was sich Worten entzieht. Im Ich-Du-Verhältnis sind wir mit dem ganzen Wesen unserem Gegenüber präsent. „Das Grundwort Ich-Du kann nur mit dem ganzen Wesen gesprochen werden", schreibt Martin Buber (1995: 3). Wie ist das gemeint? Wir nehmen in einem umfangreicheren Zusammenhang auf mehreren Ebenen wahr, mit all unseren Sinneszellen ohne den Menschen gegenüber als Gegenstand wahrzunehmen, sondern wir stehen in einer

Beziehung zum anderen. Das Ich-Du-Verhältnis bezeichnet das Zwischen, die Beziehung. „Wer Du spricht, hat kein Etwas zum Gegenstand. [...] Aber er steht ihn Beziehung", schreibt Martin Buber (1995, 4 f.). Das Ich-Du-Verhältnis stiftet die Welt der Beziehung. Wenn ich am Sterbebett von Frau Rond stehe, dann sehe ich einen Menschen in einem Bett liegen, in dessen Mund und Nase Schläuche führen, in dessen Haut Kanülen stecken, die über Schläuche mit Infusionen verbunden sind, und auf dessen Haut Sensoren haften, die verkabelt sind mit Apparaten, die hinter dem Bett stehen. Ich kann die Vitalwerte ablesen, sehen wie sie sich geringfügig verändern. Ich höre die Apparate analog zur Atmung und zur Herzfrequenz piepsen. Wenn ich meine Aufmerksamkeit auf Frau Rond als Person richte, wahrnehme, wie sie versucht mir über ihre Augen zu begegnen, dann kann ich ihr ebenfalls begegnen, in dem ich mich mit Blicken auf das, was zwischen uns im Augenblick ist, einlasse.

Und was auftaucht an meinen körperlichen Wahrnehmungen, Bildern, Gedanken drücke ich in Worten aus. Und in dem ich meine Wahrnehmungen benenne, sie mit Worten bezeichne, vergegenständliche ich sie. Sie stehen mir und jedermann, dem ich sie sage, gegenüber in einem Ich-Es-Verhältnis. Die Art des Ich-Du-Verhältnisses zur Welt, ist für die meisten von uns schwer zu verstehen, weil in unserer Kultur ein Ich-Es-Bezug zum Anderen, zur Welt vorherrscht. Das Ich-Es-Verhältnis teilt Buber nochmals ein, und zwar in ein Es-Revier, das Draußen und ein Ich-Revier, das Drinnen. Wir kennen uns mehr oder weniger aus, wenn es um unsere Gefühle geht, unsere Innenwelt, unser Drinnen. Wir erleben die eigenen Neigungen, Hass oder Lust, Schmerz oder Freude. In dieser Art Ich-Welt, fühlen wir uns zuhause. Und es gibt das Draußen, auf das wir Bezug nehmen können. In der Es-Welt verfolgen wir Zwecke, in der Es-Welt arbeiten wir, handeln wir, konkretisieren, organisieren, wirtschaften, arbeiten, predigen wir. Es ist eine einigermaßen geordnete Welt in dem Sinne, dass sie uns als kohärentes Gefüge erscheint. Beide Welten gehören zu unserem Leben, auch wenn die meisten Menschen sich von uns im Ich-Es-Verhältnis zur Welt bewegen. Das Ich-Du-Verhältnis ist Beziehung. Das Ich-Du-Verhältnis zur Welt ist nicht benennbar. Wenn es sich in Worten, in Kunstwerken, in der Liebe zeigt, dann gehört es bereits der Es-Welt an. „Die Liebe ist zwischen Ich und Du", so drückt es Martin Buber aus. (1995, 15). Bei der Du-Welt geht es immer um Relationen.

Betrachten wir das Ich-Du-Verhältnis als einen Raum der Relationen, der Begegnung. Wir können feststellen, dass die Art der Begegnung verschieden ist. Sie unterscheidet sich in Intensität und Qualität. Diesem Raum des Zwischen, des Ich-Du-Verhältnisses, nähern sich in unserer Zeit die verschiedensten Wissenschaften an, wie die Psychologie, die

Sozialpsychologie, die Linguistik, die Neurowissenschaft. In dem Moment, in dem Aspekte der Begegnung als Gegenstand der Forschung benannt sind, befinden wir uns im Ich-Es-Verhältnis zur Welt. Der Kinderpsychiater John Bowlby machte den Aspekt der Bindung, der sich im Ich-Du-Verhältnis ausdrückt, im Raum der Begegnung stattfindet, sichtbar und beschäftigte sich mit der frühen Bindung des Säuglings zu Bezugspersonen und untersuchte deren Auswirkung für die Persönlichkeitsentwicklung. Er entwickelte die Bindungstheorie. Die Wissenschaftler gehen davon aus, dass es zu den angeborenen Bedürfnissen des Menschen gehört ein von intensiven Gefühlen geprägte Beziehung zu anderen Menschen aufzubauen, um im Falle einer Gefahr Schutz und Beruhigung bei der Bezugsperson zu finden. Die Beziehungsqualitäten im erwachsenen Leben sind geprägt von den Eltern-Kind-Interaktionen in den ersten Jahren. Das spätere Verhalten von Erwachsenen in

Interaktionen ist Ausdruck dieser frühen, in der Kindheit erlebten Interaktionen. Bowlbys Theorie, die bis heute ständig weiterentwickelt wurde, ist ein Versuch einen Aspekt der Begegnung zu objektivieren.

Das noch junge Forschungsgebiet der Sozialen Neurowissenschaft oder Social Neuroscience, das sich seit den 1990er Jahren entwickelt, beschäftigt sich damit, wie die Interaktion zwischen Menschen unser Gehirn und unsere Körperfunktionen beeinflusst bis hin zur Beeinflussung der Gene und des Immunsystems. Weit vor den Erkenntnissen aus der Sozialen Neurowissenschaft beschäftigte sich der Linguist Alfred Korzybski damit wie wir wahrnehmen. Was wir mit unseren Sinnesorganen, sei es ein Wort, ein Satz, ein Bild, ein Baum, ein anderer Mensch wahrnehmen, lässt in uns ein inneres Bild entstehen, dass keine Kopie des äußeren ist, sondern ein Bild, das sich mit unseren vorhandenen Erfahrungen, die als innere Bilder in unseren neuronalen Netzwerken abgespeichert sind, verbindet. Korzybski prägte für dieses Phänomen den Begriff „semantische Reaktion". Ein Wort, ein Bild, ein Symbol löst bei uns eine individuelle semantische Reaktion aus. Wir geben den Dingen Bedeutung, weil wir sie verknüpfen mit unseren mentalen Repräsentationen aus denen wir das Wort, das Bild, das Symbol kennen.

Den Raum des Zwischen, der Begegnung zwischen Menschen, zeigt sich in unserer Lebenspraxis am deutlichsten in der Mutter-Kind-Beziehung und in allen anderen Beziehungen des Kindes zu engeren Bezugspersonen. Es zeigt sich in Liebesbeziehungen, in denen Liebe eine Kraft ist, die den anderen bedingungslos wertschätzt und respektiert in seinem So-Sein. Das zeigt sich in Liebesbeziehungen von Menschen, die als Paare zusammenleben, zumindest in bestimmten Phasen der Liebesbeziehung. Und der Raum des Zwischen, die Begegnung im Sinne des Ich-Du-Verhältnisses zeigt sich im Alltag in der Art und Weise, wie wir mit Unterschieden umgehen. Beispielsweise im Businesskontext: Eine Firma kann sich die Frage stellen, wie gehen wir mit Unterschieden oder der Andersheit von Mitarbeitern, Kunden, Führungskräften um. Wenn sich die Firma diese Frage stellt, dann agiert sie im Ich-Du-Verhältnis, in der Beziehung. Die Kommunikationsverantwortlichen eines Unternehmens können allerdings auch Spezialthemen etablieren wie Gender, Behinderung, Familie. Ebenso wie eine Gesellschaft Spezialthemen identifizieren und bearbeiten kann, wie das Spezialthema Demenz. Diese Themen werden zum Forschungsgegenstand, zum gesellschaftspolitischen Thema, zum Thema in den Medien, also zum Objekt.

Was ist der Unterschied? Behandeln wir Unterschiede zwischen Menschen, wie

Geschlecht, Alter, Herkunft, Behinderung, Krankheit so, dass wir sie zu einem Spezialthema erheben, dann behandeln wir das Thema als Gegenstand und verlieren den Blick für den Menschen, der einem Thema zugeordnet wird, und für seine individuelle Situation. Es geht nicht um ihn, sondern das abstrakte Thema, das etabliert wurde. Vergessen wird der Mensch, der mehr ist als seine Herkunft, seine Kultur, sein Alter, seine Krankheit, seine Behinderung. Wenn wir aus den Unterschieden ein Thema etablieren, dann schaffen wir eine Art Handlungsanweisung oder Regelwerk mit dem Ziel gleiche oder annähernd gleiche Chancen für die Entwicklung von Menschen, die wir dem Spezialthema zuordnen, zu schaffen. Fragen wir danach wie wir mit Unterschieden umgehen, ohne vorher Menschen Spezialthemen zugeordnet zu haben, dann gilt diese Fragestellung für jeden Menschen, denn jeder Mensch ist einzigartig und insofern verschieden von jedem anderen

Menschen. Die Frage nach dem Umgang mit Unterschieden stellt sich erst, wenn wir mit dem Menschen in Beziehung stehen, weil wir erst im Gegenüber in der Begegnung Verbindendes und Unterschiede erfahren. Die Begegnung von Mensch zu Mensch geschieht jenseits von Spezialthemen, bei denen Menschen nach Kriterien zugeordnet werden. Das geschieht aus einer Haltung heraus. Aus einer Haltung des in Beziehungseins mit dem Gegenüber. Wir werden erst in der Beziehung zu dem, was wir sind, ebenso wie unser Gegenüber.

Das Verhalten eines Menschen, der einer anderen Kultur, einem anderen Glaubens angehört ist oft nicht zu verstehen, ebenso wie das Verhalten des Chefs, eines Mitarbeiters, des Partners des eigenen Kindes, ebenso wie das Verhalten von Menschen mit Demenz. Auf der Ebene der Ich-Du-Beziehung können wir eine Brücke des Verstehens bauen. Wenn wir uns Zeit nehmen, gegenwärtig mit all unseren Sinnen auf den Blickkontakt, die Mimik, die Gestik, die Worte einstellen, erhalten wir einen Zugang zum Erleben des Menschen. Wir nehmen in der Begegnung die Aggression und Wut, vielleicht als Angst wahr, Existenzangst, Angst vor der Zukunft, vor Ignoranz. Wir nehmen die Zurückgezogenheit des Kindes als Traurigkeit wahr, als Traurigkeit, dass es Erwartungen nicht erfüllt, dass es nicht wahrgenommen wird. In der Begegnung halten wir diese Wahrnehmung nicht für Wahrheit, sondern wir benennen sie und fragen beim Gegenüber nach. Wir tauschen uns aus. Wir begeben uns in Interaktion. Die Begegnung im Ich-Du-Verhältnis ist die einzige Möglichkeit zu Menschen mit Demenz Brücken des Verstehens zu bauen. Im Demenzzentrum Sonnweid geschieht in diesem Sinne Begegnung. Es gibt keine Vorstellung, kein Bild wie ein Mensch mit Demenz ist und ebenso keine Konzepte im Sinne von Handlungsanweisungen wie mit einem Menschen mit Demenz umzugehen ist, dass etwa sein Zimmer mit Möbeln, aus seiner Jugend- und früheren Erwachsenenzeit eingerichtet werden muss, dass er nach einem bestimmten Aktivierungsplan aktiviert werden muss. Im Demenzzentrum Sonnweid erlebe ich bei meinen Besuchen Begegnung. Jeder Mensch ist ein Individuum und die Begegnung geschieht in der jeweiligen Situation. Es wird im Moment aus der Situation heraus erfasst, was dem Menschen gerade guttut, was sein Bedürfnis ist, auch wenn er es nicht verbal zu artikulieren vermag. Diese Art der Begegnung geschieht aus einer Haltung gegenüber Menschen heraus. Einer Haltung des Respekts und der Wertschätzung gegenüber dem Anderen. Eine Haltung, die Wahrnehmen des anderen Menschen, aktives Zuhören und Präsentsein für die Situation für sich und den anderen ermöglicht. Eine solche Art der Begegnung ist die Basis für eine gelungene soziale Interaktion, ist die Grundlage für

Wohlbefinden, Glück, Freude, Leistungs- und Entwicklungsfähigkeit für jeden Menschen. Doch was zeichnet diese Haltung aus? Kann man sie lernen? Oder gilt: Entweder man hat sie oder man hat sie nicht.

3

Die Haltung – Hier bin ich Person. Hier darf ich sein.

Frau Bauer läuft aufgeregt aus dem Haus in Richtung Garten. Die Pflegerin mit der ich mich gerade unterhalte, grüßt Frau Bauer: „Grüezi, Sie haben es sehr eilig heute Frau Bauer. Darf ich Sie einladen für einen Moment stehen zu bleiben." „Nein. Ich will nach Hause", sagt atemlos Frau Bauer „Nach Hause wollen Sie. Wo ist das, Frau Bauer?" „Am Bodensee, in Konstanz." „Oh, das ist eine schöne Stadt, die kenne ich. Dort waren sie zuhause. Früher einmal. Bevor sie zu uns gekommen sind. Jetzt sind Sie hier zuhause." Frau Bauer schaut mich mit einem Ausdruck von Neugierde und Irritation an. „Das ist Frau Stärz. Sie ist Autorin und besucht uns in Sonnweid. Sie können Sie zu Ihrem Lieblingsthema fragen, der Literatur", sagt die Pflegerin. Ich gebe Frau Bauer die Hand. Die Pflegerin stellt mir Frau Bauer vor: „Das ist Frau Bauer. Sie war früher in Konstanz Lehrerin. Deutschlehrerin. Sie weiß alles über

Literatur und liebt Literatur." Frau Bauers Gesicht erhellt sich. „Ja. Kennen Sie denn den Michael Kohlhaas?" „Den von Heinrich Kleist?" „Von wem?" „Der aus der Geschichte?" „Ja. Und den Werther, den kennen Sie auch, oder?" Wir suchen uns einen Platz im Garten. Frau Bauer stellt Fragen, die ich nicht alle beantworten kann. Ich kenne nicht alle literarischen Figuren und Schriftsteller, die sie benennt. Es sind Fragmente, die sie aneinanderreiht. Ich bin unsicher, wie ich das Gespräch fortführen soll, sehe auch in Frau Bauers Gesicht einen verunsicherten Ausdruck. Nimmt sie meine Unsicherheit wahr. „Ja, es gibt viele schöne Romane und Geschichten und viele große Autorinnen und Autoren. Ich kenne nicht alle." „Ja, Autorinnen", sagt Frau Bauer, „die gibt es auch." Sie steht auf, sagt, dass es sie gefreut habe und dass sie nun weiter müsse. Sie läuft auf das Haus zu und später begegne ich ihr in den breiten Gängen des Öfteren und ich grüße sie und über ihren irritierten Gesichtsausdruck schiebt sich ein Lächeln.

Die Situation hätte auch anders verlaufen können. Angenommen die Pflegerin hätte nicht nach dem ursprünglichen zuhause von Frau Bauer gefragt und ihr nicht die Möglichkeit gegeben über ihr zuhause und ihre Vergangenheit zu sprechen. Dann wäre die Situation vielleicht so ausgefallen: „Grüezi, Frau Bauer. Wo wollen Sie denn so schnell hin?" Frau Bauer antwortet: „Nachhause." „Aber Sie sind doch zuhause. Das hier ist ihr zuhause. Haben Sie das vergessen? Sie wohnen hier bei uns. Ihr Haus in Konstanz gibt es nicht mehr." Vermutlich wäre Frau Bauer wie ein Häufchen Elend, klein und grau, vor der Pflegerin gestanden, wäre dann eilig weitergelaufen, panikartig, vielleicht vor sich hin redend, dass sie nach Hause wolle. Vielleicht hätte sie auch anders reagiert. In jedem Fall wäre die Angst das dominierende Gefühl ihrer Handlung gewesen. Viele Menschen kennen Situationen, in denen sie ein Anliegen äußern und dieses nicht wahrgenommen, nicht einmal zugehört wird, wie man bei der Odyssee in der Servicehotlines von Telefonanbietern erleben kann, wenn man von Servicemitarbeiter zu Servicemitarbeiter gereicht wird. Ohnmacht, Hilflosigkeit, Wut, Panik, wenn gar keine Lösung in Sicht – das sind alles Zustände in die wir geraten können. In der Arbeitswelt kennen viele die Situation wenn der oder die Vorgesetzte einen Vorschlag, ein Anliegen ignoriert, wenn die Leistung der gesamten Abteilung nicht anerkannt wird. Das kann die innere Kündigung der Mitarbeiter zur Folge haben. Der Unterschied zu Menschen in existenziellen Lebenssituationen aufgrund schwerer Erkrankung oder auch Demenz besteht darin, dass sie abhängig von anderen Menschen sind. Ihre Möglichkeiten Ignoranz zu kompensieren sind entweder stark einge-schränkt oder die gibt es nicht. Was bleibt sind Hilferufe in Form von aggressiven, wie es in der Fachsprache heißt, herausfordernden Verhal-ten oder Depressionen und viele andere Ver-haltensweisen, die uns irritieren.

Menschen in existenziellen Grenzsituationen, Menschen mit Demenz begegnen die Fachkräfte überwiegend im Ich-Du-Verhältnis. Das geschieht aus einer Haltung der Offenheit, Wertschätzung und Respekts gegenüber anderen Menschen. Es ist eine Begegnung von Mensch zu Mensch und nicht von Fachkraft zu Klient, nicht von einem Wissenden zu einem Ahnungslosen. Dieser Ansatz ist nicht neu und wird in vielen Bereichen angewandt. Er geht auf den Psychologen und Psychotherapeuten Carl R. Rogers zurück, der den personenzentrierten Ansatz entwickelte. Dieser Ansatz ist keine Methode, sondern eine Haltung. Es geht um das einfühlende Verstehen, das nichtwertende Eingehen, das echte Verständnis einer Person, sich so auf die Welt des anderen einzulassen, dass man die Welt mit seinen Augen sehen kann. Rogers selbst beschreibt in seinem Buch „Der neue Mensch" diese Grundhaltung als „das Akzeptieren, die Anteilnahme oder Wertschätzung des Therapeuten gegenüber den Gefühlen und Äußerungen seines Klienten." (Rogers, 1981: 68). Eine positive Wertschätzung gegenüber einem anderen Menschen setzt voraus, dass man den anderen als eigenständigen Menschen mit seiner Werte- und Gefühlswelt respektiert. Rogers spricht von der entgegengebrachten emotionalen Wärme als Liebe. Das Konzept von Carl R. Rogers gehört zu den am besten beforschten sozialpsychologischen Vorgehensweisen. Seit 1949 liegen Forschungsergebnisse vor, die belegen, dass Veränderungen in der Persönlichkeit stattfinden, wenn günstige Voraussetzungen in einer therapeutischen Beziehung gegeben sind. Wenn diese günstigen Voraussetzungen, also Akzeptieren, Anteilnahme, Wertschätzung des Gegenübers – in unserem Alltag in personalen Interaktionen gegeben sind, dann entwickeln sich Menschen in ihrer Persönlichkeit besser und können ihre Fähigkeiten optimal entfalten. So findet Rogers Ansatz, der später von anderen Psychologen weiterentwickelt worden ist, in vielen Bereichen des gesellschaftlichen Lebens wie im Bildungsbereich im Allgemeinen, in der Lernförderung im Speziellen, in der Partner- und Familientherapie und in einer weiterentwickelten Form bei der Begleitung und Versorgung von Menschen mit Demenz.

Den personenzentrierten Ansatz entwickelte der amerikanische Psychogerontologe Tom Kitwood weiter, um dem medizinischen Standardparadigma von Demenz entgegen zu wirken. Das medizinische Standardparadigma besagte, das Demenz eine Krankheit ist, für die es keine therapeutischen Ansätze gibt. Die Krankheit kann mittels Medikamente weder verzögert, noch gestoppt, noch geheilt werden. Tom Kitwood beobachtete den Umgang mit Menschen mit Demenz in der Pflegepraxis und stellte zu seiner Zeit fest, dass Menschen mit Demenz nicht als Personen betrachtet wurden, sondern der Blick auf dem Defizit lag, also was diese Menschen nicht mehr konnten. Im Fokus lag auf dem Defizit und seiner Bewertung. Das Resultat bestand darin, dass Menschen mit Demenz so behandelt wurden, als würden sie nichts verstehen und somit als hätten sie keinerlei Selbstbestimmung. Er untersuchte die Auswirkungen des malignen psychosozialen Verhaltens des Umfelds, wie er es nannte, auf das Wohlbefinden von Menschen mit Demenz. Zu den systematisch von ihm erhobenen Punkten, die er als entpersonalisiert bezeichnete, gehörten: der Einsatz von Formen der Täuschung, um eine Person abzulenken, zu manipulieren oder zur Mitwirkung zu zwingen; weiterhin gehörten Infantilisieren dazu, also jemanden sehr autoritär behandeln, Informationen zu liefern, aber für die betroffene Person zu schnell, sodass sie sie nicht verstehen kann oder die subjektiv erlebte Realität des Betreffenden zu entwerten, seine Gefühle ihm aberkennen, jemanden ignorieren und Handlungen in seiner Anwesenheit ausführen, wie in einer Unterhaltung fortfahren, so als sei derjenige nicht anwesend und viele andere. Ob jemandem Personsein – „ein Status, der dem einzelnen Menschen im Kontext von Beziehungen und sozialem Sein von anderen verliehen wird" – anerkannt wird oder nicht, hat empirisch nachprüfbare Folgen. Kitwood schlussfolgert aus seinen Studien, dass „in einem optimalen Kontext von Pflege und Fürsorge [...] jedes Fortschreiten der neurologischen Beeinträchtigung, das bei einer nichtunterstützenden Sozialpsychologie extrem schädigend sein kann, durch positive Arbeit an der Person kompensiert. [...] Je höher der Grad an neurologischer Beeinträchtigung, desto mehr positive Arbeit an der Person wird geboten." (2008: 103). Kitwoods Beobachtungen korrespondieren mit den Ergebnissen der Neurowissenschaft, denn „jedes psychosoziale Ereignis ist gleichermaßen auch ein Ereignis oder ein Zustand des Gehirns" und wie dieser Zustand ist und welche Folgen er auf den Organismus hat, wird von der Qualität der sozialen Interaktion mitbestimmt. Insofern könne man nicht am medizinischen Standardparadigma festhalten, „dass die geistigen und emotionalen Symptome unmittelbares Resultat einer Reihe von (dementiell bedingter) Veränderungen im Gehirn sind." (2008:40). Die Qualität sozialer Interaktion sei eine Quelle von Lebensqualität für Menschen mit Demenz. Offensichtlich hat die Qualität der sozialen Interaktion Auswirkungen auf das Gehirn. Das Gehirn ist auch bei dementiellen Patienten zu beeinflussen und damit ihr Wohlbefinden oder eher umgekehrt. Die Einstellung und die Haltung von Betreuerinnen und Betreuern, von Pflegekräften im Umgang mit Menschen mit Demenz ist entscheidend. Das ist nicht nur im Bereich der Pflege, im palliativen Bereich oder bei der Versorgung von Menschen mit Demenz so, sondern Auswirkungen der Qualität sozialer Interaktion betreffen alle Menschen, wie bereits die empirischen Forschungsergebnisse zu Rogers Konzept zeigen.

In vielen gesellschaftlichen Bereichen jenseits des Pflegekontextes, ist eine wertschätzende, den Anderen akzeptierende Haltung wichtige Voraussetzung für den Erfolg. Bei therapeutischen Ausbildungen, in Ausbildungen zur Organisationsberatung, als Coach ist eine Haltung des Respekts gegenüber dem anderen, der vorurteilsfreien und wertfreien Begegnung Bedingung für das Miteinander von Klient und Therapeut, Coach oder Berater. Berater, Coachs, Therapeuten, Ärzte, die nach dem systemischen Ansatz arbeiten, begegnen ihren Patienten, ihren Klienten zu denen Teams und Führungskräfte verschiedenster Organisationsformen gehören in einer solchen wertfreien, vorurteilsfreien Haltung. Den meisten Menschen ist die systemische Beratung oder Therapie als Familientherapie bekannt. Familien sind nur ein Bereich, in dem systemisch gearbeitet wird. Wer nach einem systemischen Modell arbeitet, geht davon aus, dass sich alles in Strukturen befindet, alles immer bezogen ist auf etwas anderes: Menschen befinden sich in Strukturen, also in Beziehungen zu Familienmitgliedern, Orten, ihrer Geschichte, ihren Wünschen und Lebenszielen, zu Arbeitskollegen. Körperorgane befinden sich in Beziehungen zu anderen Organen, zu den Einstellungen und Wertvorstellungen eines Menschen, zu Glaubenssätzen über Krankheit und Gesundheit, mit denen derjenige aufgewachsen ist, zu seinem Denken. Figuren in einem Roman stehen in Beziehung zu anderen Figuren in einem Roman, zu Orten und Landschaften, zu verschiedenen Zeiten. Die Marke einer Firma steht in Beziehungen zu den Produkten der Firma, zur Zielgruppe, zu anderen Firmen und deren Positionierungen auf dem Markt. Der Grundgedanke systemischer Beratung oder

Therapie ist, dass die Beziehungen in einer Art und Weise verbessert werden, dass für den Klienten und alle Beteiligten, die ein Teil der Struktur sind, eine Besserung eintritt. Das Wort Struktur verweist auf die Relation der Bezogenheit. Das Wort System würde lediglich ein System wie ein Familiensystem betreffen. Wenn allerdings jemand ein Familienthema hat, sind nicht immer alle Familienmitglieder beteiligt, es können auch Personen aus anderen Systemen in einer Beziehung zu diesem Familienthema stehen. Deshalb arbeiten systemische Berater systemübergreifend und verwenden den allgemeineren Begriff Struktur. Eine offene vorurteilsfreie, respektvolle, respektierende Haltung gegenüber einem Klienten seitens des Therapeuten oder Coaches ist deshalb so wichtig, weil ähnlich wie Carl R. Rogers einst, davon ausgegangen wird, dass nur der Klient wissen kann, wie die Relationen der Bezogenheit verändert werden müssen, damit sich hinsichtlich seines Themas etwas zum Besseren verändert. Der Coach oder Therapeut darf nicht seine eigenen Wertvorstellungen, seine Vorstellungen von einer Lösung in Form von Ratschlägen dem Klienten unterbreiten. Er unterstützt durch seine Art der Fragestellungen den Klienten, das Team, die Führungskraft, sich seiner Ressourcen und Fähigkeiten zu erinnern und sie zur Lösung seines Problems einzusetzen. Dabei begibt er sich selbst auf die Ebene der Ich-Du-Beziehung zum Klienten oder zum Team in einem Unternehmen. Der Coach befindet sich mit dem Klienten in einer Beziehungsrelation. In diese kann er sich nur begeben, wenn er den Klienten als Person erfasst und seine eigenen Wertvorstellungen und Erfahrungen weitestgehend unberücksichtigt lässt. Der Coach stellt dem Klienten Fragen, die ihn unterstützen einen Weg zu einem besseren Beziehungsverhältnis zu seinem Thema zu finden. Der systemische

Ansatz findet heute weltweit sowohl im Businesskontext, Organisations- und Unternehmensbereich, im sozialen Bereich und im therapeutischen Bereich, in der Traumaarbeit, im kreativen Bereich bei der Entwicklung von Drehbüchern und Romanen Anwendung. So nutzte der Regisseur Florian Henkel von Donnersmarc die systemische Methode in Form einer Drehbuchstrukturaufstellung bei seinem Film „Das Leben der Anderen". Im Bildungsbereich findet der systemische Ansatz zunehmend Eingang in der Ausbildung von pädagogischen Fachkräften, ebenso wie der Entwicklung von Marken und der Projektarbeit in Unternehmen. Ausgangspunkt der Arbeit ist eine akzeptierende, respektvolle, wertschätzende Haltung gegenüber dem Anderen. Diese hat zur Folge, dass alle Ideen, Gedanken, Vorschläge in einer Atmosphäre der Akzeptanz und des Respekts wertfrei aus-gebreitet werden können und so alle Potenziale für kreative Lösungen eines

Problems, eines Themas gefunden werden können. Menschen können angstfrei miteinander tätig werden und ihre Handlungsmöglichkeiten erweitern sich.

Ein weiteres Beispiel dafür, was auf dem Boden einer wertschätzenden, achtsamen Haltung gegenüber Anderen erwachsen kann, ist eine Methode zur Konfliktlösung. Der amerikanische Psychologe Marshall B. Rosenberg entwickelte die „Gewaltfreie Kommunikation". Eine Methode oder ein Prozess, wie er es nennt, in dem Sprache so verwendet wird, dass wir mit unserer einfühlsamen Natur in Verbindung bleiben und auf der Ebene der Empathie mit anderen Menschen kommunizieren. Marshall B. Rosenberg, der bei Carl R. Rogers studierte, hat sich mit der Frage beschäftigt was uns von unserer einfühlsamen Natur entfremdet und schließlich gewalttätig und ausbeuterisch werden lässt und „was macht es manchen

Menschen möglich, selbst unter den schwierigsten Bedingungen mit ihrem einfühlsamen Wesen in Kontakt zu bleiben?" (2011: pos.267) Um diese Art der Kommunikation oder des kommunikativen Prozesses anzuwenden, der mittlerweile in der ganzen Welt in politischen und gesellschaftlichen Konflikten wie in Israel, Palästina, Ruanda und vielen anderen Ländern angewendet und gelehrt wird, bedarf es ebenfalls der offenen, respektvollen, wertschätzenden Haltung gegenüber sich selbst und dem anderen. Erst aus dieser Haltung heraus, ist es möglich die Vielschichtigkeit und die Kontextfaktoren, die zu einer gewalttätigen Handlung, zu Wut, Hass führen, wahrzunehmen und sich mit der verletzlichen Natur des Menschen zu verbinden und ihn zu verstehen. Die Pflegerin hat Frau Bauers Sehnsucht nach ihrem zuhause erfasst und benannt. Damit fühlte sich Frau Bauer wahrgenommen und verstanden. Das genügte in diesem Fall schon, so dass sich Frau Bauer entspannen und ihre aktuelle Situation akzeptieren konnte. Ist der Rahmen Respekt und Wertschätzung gesetzt, gibt es eine Chance Brücken zwischen Menschen zu bauen, ganz gleich ob sie dement sind, aus einem fremden Land stammen, Kollegen sind.

Sich bewusst sein über das Bewusstsein

Wir können zwischen verschiedenen Haltungen, die wir gegenüber der Welt und anderen Menschen einnehmen, wählen, vorausgesetzt es ist uns bewusst, dass wir jeweils aus unserer eigenen durch unsere Erfahrungen und Werthaltungen geprägten Perspektive andere Menschen und die Welt betrachten. Und es sei denn es ist uns bewusst, dass es verschiedene Perspektiven gibt, die Welt zu betrachten. Genaugenommen hat jeder Mensch seine eigene Perspektive, die Welt zu betrachten, da jeder Mensch durch andere Erfahrungen geprägt ist und andere Werthaltungen hat, die sich mehr oder weniger mit denen anderer Menschen decken. Und es sei denn wir sind uns des hohen Grades an Differenzierung - allein auf der nonverbalen Ebene - der personalen Interaktion bewusst, von der ich in den folgenden Abschnitten einen winzigen Einblick gebe. Wir verfügen über Bewusstsein. Das heißt, wir können uns selbst, unsere eigene Existenz, unsere mentalen und körperlichen Zustände, unsere Umgebung wahrnehmen. Wir können unterschiedliche Perspektiven der Betrachtung einnehmen und wir können uns bis zu einem gewissen Grad entscheiden, in welchen mentalen und körperlichen Zustand wir sein wollen. Wir können bewusst lernen Angstzustände unter Kontrolle zu bekommen oder in unser Erleben zu integrieren. Wir können es lernen

Panikattacken, die infolge von Traumata auftreten können, zu kontrollieren und damit umzugehen. Wir sind also in der Lage unsere eigenen mentalen Zustände, unsere körperlichen Zustände zu reflektieren und zu verändern. Der Neurowissenschaftler Antonio Damasio sagt: „Bewusstsein ist ein Geisteszustand, in dem man Kenntnis von der eigenen Existenz und der Existenz einer Umgebung hat." (2010: 169). Während die Neurowissenschaftler versuchen zu erkunden wie Bewusstsein in unserem Gehirn entsteht, welche Areale daran beteiligt sind und welche Rolle soziale Interaktion spielt und wie sie sich auf die biologischen Abläufe, auf Gesundheit, Wohlbefinden und gelungene menschliche Beziehung auswirkt, stellt sich die Frage, wie wir soziale Interaktionen gestalten können, sodass sie für alle Beteiligten als gelungen wahrgenommen werden können. Die Haltung mit der wir Menschen begegnen ist eine wichtige Voraussetzung und bereits ein Teil des Prozesses der sozialen Interaktion.

Wir sind also in der Lage darüber zu reflektieren mit welchen Mustern wir die Welt sehen, wie wir bewerten und urteilen und wir sind in der Lage unsere Brille von Bewertung und Urteil abzusetzen und ohne Schubladendenken mit Offenheit und Neugier anderen Menschen und der Welt zu begegnen. Wir können wie Ethnologen, die eine fremde Kultur erschließen, vorurteilsfrei mit einer Haltung der Offenheit auf andere Menschen zugehen. Sie sind anders und uns fremd einerseits, weil jeder Mensch aufgrund seiner Entwicklungsgeschichte individuell und insofern von anderen Menschen verschieden ist. Und wir Menschen können uns verbinden, Anderssein respektieren und über unser Ein-fühlungsvermögen Begegnung erleben. Wir können aber auch andere Menschen bewerten, beurteilen, verurteilen, vermessen als Objekte aus der Position eines Ich-Es-Verhältnisses betrachten und in unser Weltbild, in unsere Weltordnung kartieren ohne ihre Individualität und Subjektivität zu berücksichtigen.

Wenn wir uns dessen bewusst sind, dass wir verschiedene Haltungen und Perspektiven einnehmen können, die Welt und andere Menschen zu betrachten, wenn wir selbst in unserem Leben bereits erfahren haben, welche Erkenntnisse und welches Verständnis wir gewinnen können, wenn wir mal den Standpunkt eines anderen Einnehmen, dann fällt es uns leichter, sich auf eine offene, akzeptierende, wertschätzende Haltung einzulassen.

Sie ist Voraussetzung dafür, dass wir für den anderen, unsere Umwelt und uns selbst offener sind und uns besser entwickeln und entfalten können, an Erfahrungen, neuen

Sichtweisen und persönlichen Reichtum gewinnen.

Was für Menschen mit Demenz gut ist, nämlich eine wertfreie, vorurteilsfreie Begegnung, ist eine Voraussetzung für Prozesse der sozialen Interaktion, die uns verständnisvoller miteinander umgehen lassen. Brücken des Verstehens zu bauen ist bei Menschen, die sich nicht mehr artikulieren können, besonders schwierig und besonders wichtig. Soziale Anerkennung, Verstehen, Akzeptanz lässt uns unser Leben lebenswerter machen. Menschen, die selbst dazu nicht mehr in der Lage sind, ein Umfeld der Akzeptanz zu schaffen, zeigen uns deutlich, dass unsere soziale Natur, wenn wir sie für gelungene soziale Interaktion einsetzen, das Wichtigste und Bedeutendste in unserem Leben ist.

Wie vollziehen sich die weiteren Prozesse sozialer Interaktion, damit wir Menschen verstehen, uns verbinden und auf eine Art und Weise miteinander interagieren können, die uns entwickeln, entfalten und wachsen lässt?

4

Der Moment der Präsenz: Offen sein für mich und den anderen

Der Wintergarten liegt im ersten Stock in einem der Gebäude des Demenzzentrums Sonnweid. Von hier aus blicken Bewohner und Besucher über ein Maisfeld in die Berge. An diesem Vormittag treffen sich im Wintergarten Bewohner aus den verschiedenen Wohnbereichen des Hauses zu einer Bewegungsgruppe. Die Teilnehmerinnen und Teilnehmer setzen sich auf die zu einem großen Oval gestellten Stühle. Die Leiterin verteilt Tücher und Ringe schaltet Musik ein und bewegt ihre Arme und Beine dazu. Die anderen dürfen es ihr nachmachen. Sie fragt in die Runde, ob die Musik gefällt, einige singen mit, andere lachen, einige sitzen still da und halten das Tuch oder den Ring in der Hand, versuchen eine Bewegung, halten wieder inne. Die Tür geht auf, herein kommt eine jüngere Frau, bekleidet mit einer weißen Hose, einem blauen T-Shirt, ihre Haut ist braungebrannt und ihre Haare sind schwarz. Sie lacht fröhlich, umschlingt mit ihren Armen einen großen Strauß Sonnenblumen und flirtet mit einem Herrn aus der Runde, der einen Strohhut auf dem Kopf trägt. Beide strahlen eine sommerliche Leichtigkeit aus, als bewegten sie sich an einem Strand an der Cote d' Azure. Die Teilnehmer der Gruppe schauen auf die Frau, bewegen sich zur Musik weiter, einige sind irritiert, einige murren oder geben Kommentare ab. Ich merke wie sich meine Schultern anspannen. Was ist zu tun? Ich bin ratlos. Die Leiterin steht auf, geht auf die Blumenfrau zu, begrüßt sie mit den Worten: „Oh, Frau Lindner, sie bringen uns den Sommer vorbei. Schön, dass sie uns die Blumen zeigen wollen." Sie lädt die Blumenfrau ein, die Blumen den anderen zu zeigen. Die loben die Blumen. Die Leiterin nimmt dabei sanft den Arm der Blumenfrau und sagt: „Ich begleite sie noch ein Stück heraus", und bringt sie zur Tür. Alles wirkt wie so vieles in Sonnweid, wie ein harmonisch abgestimmter Tanz. Als befinde man sich in einem Musical und der Einsatz der Blumenfrau gehöre zum Drehbuch und jede Bewegung sei Teil einer gelungenen spielerisch anmutenden Choreografie. Die Leiterin dreht die Musik etwas lauter, teilt Ringe aus, schlägt Bewegungen vor. Die Tür geht erneut auf und wieder betritt die Blumenfrau den Raum. Wieder geht die Leiterin auf die Blumenfrau zu, bemerkt, dass ihr Auftritt dem Mann mit dem Strohhut gilt. Sie begleitet die Blumenfrau zu dem Herren, spricht ihn an: „Herr Wagner, schauen Sie: Jetzt ist Frau Lindner noch einmal gekommen, um sie zu sehen. Ist das nicht schön?" Der Herr lächelt. Und die Leiterin sagt, dass die Blumen so sonnig leuchten, ein wahre Pracht sei das. Sie begleitet Frau Lindner wieder zur Tür und sagt im Hinausgehen, dass sie sich nun von allen verabschieden könne. Sie bittet die Gruppe ebenfalls, sich von Frau Lindner zu verabschieden und begleitet sie dann wieder zur Tür heraus.

Ich sitze noch im Wintergarten, als alle längst gegangen sind. Wie war das möglich? Ein Tanz, hochkonzentrierte Aufmerksamkeit seitens der Leiterin, ohne dass man ein Anspannung in ihrem Gesicht hätte erkennen können, stattdessen wohlwollende Aufmerksamkeit für die Blumenfrau, den Herrn mit dem Strohhut und für die Gruppe. Das Geheimnis von Sonnweid liegt in dem hohen Maß konzentrierter Aufmerksamkeit für den anderen, notiere ich mir. Wie am ersten Tag, als ich Sonnweid betrat, erinnert mich das an den Zustand des Fließens, den Daniel Goleman in seinem Buch „Emotionale Intelligenz" als neurobiologische Höchstleistung beschreibt. „Die Aufmerksamkeit wird dermaßen konzentriert, dass man nur noch den schmalen Wahrnehmungsbereich wahrnimmt, der mit der unmittelbaren Aufgabe zusammenhängt, und Zeit und Raum vergisst. [...] Im Zustand des Fließens ist die Aufmerksamkeit entspannt und dennoch hochkonzentriert." (1997: 120 und 121)

Später frage die Leiterin der Gruppe, wie sie es geschafft hat, die Situation zu meistern. Ja, so souverän wie es ausgesehen habe, sei es nicht gewesen. Sie wisse vorher nicht, ob es ihr gelinge, die Situation zu einem guten Ausklang zu führen. „Ich zentriere mich auf die Gruppe und die Blumenfrau. Ich erfasse die Störung, meinen Ärger über die Störung, die Anspannung in der Gruppe, die Freude und Koketterie auf dem Gesicht der Blumenfrau. Ich erfasse, wem diese Koketterie gilt und was Ursache der Freude von Frau Lindner sein kann. Ich erkenne meinen Ärger über die Störung an, würdige meinen Zustand und schiebe den Ärger beiseite. Er steht dann unsichtbar neben mir, wie eine Figur neben mir steht. Dann erde ich mich. Ich spüre wie ich mit beiden Füßen auf dem Boden stehe, spüre den Boden unter meinen Fußsohlen und spüre wie eine universelle Lebenskraft aus dem Boden in mich strömt. Ich zentriere mich auf die Freude der Blumenfrau, erfasse das Bedürfnis, das hinter dieser Freude steht." Was sie erfasst deklariert die Leiterin der

Gruppe als Mutmaßung, in dem Fall, dass hinter der Freude der Blumenfrau der Wunsch steht von dem braungebrannten Mann mit dem Strohhut, der in der Gruppe sitzt, wahrgenommen zu werden. „Vermutlich fühlt sich die Blumenfrau in dem Moment leicht und schön und sie möchte, dass der Mann sie sieht. Sie wünscht sich berührt zu werden, umworben zu werden." Das vermutet die Leiterin der Gruppe, aufgrund dessen was sie spürt. Sie spürt noch mehr, aber sie entscheidet sich dieser Vermutung zu folgen. Geht auf die Blumenfrau zu, schaut ihr in die Augen, steht mit ihr in Verbindung und begleitet sie.

Was für einen Beobachter wie die Leichtigkeit eines Tanzes aussieht, ist hochkonzentriertes Auf-den-Anderen-Eingehen. Die Zentriertheit auf den Anderen im Moment des Hier und Jetzt, kann der Beobachter ebenso spüren. Es wird nur wahrgenommen, was im Augenblick geschieht, und zwar mit allen Sinnen. Nicht nur was wir sehen, sondern auch was wir mit all unseren leiblichen Sinnen spüren können. Die Leiterin der Gruppe ist mit ihrer Bewusstheit auf den Moment zentriert: Die Mimik und Gestik der Blumenfrau, ihren Schritt, ihre Bewegung, den Abstand zu den anderen, den sie gewählt hat, ihr Lächeln, wie sie die Blumen im Arm liegen hat, sie an sich schmiegt, wohin sie schaut und wem ihre eigentliche Aufmerksamkeit gilt. Auf die feinen Reaktionen in der Gruppe, darauf, dass auf dem braungebrannten Gesicht des Mannes mit dem Strohhut plötzlich ein bronzefarbener Schimmer erscheint, dass er in sich gekehrt lächelt, weil er spürt, dass der Auftritt ihm gilt, auch wenn die Blumenfrau nur für einen Bruchteil einer Sekunde in seine Richtung schaut. In dem einen Moment, auf den die Leiterin sich zentriert, geschehen eine Vielzahl hochdifferenzierter Prozesse in ihr selbst, in der Gruppe, bei der Blumenfrau und im Zusammenspiel aller.

Was heißt zentrieren? „Die Abläufe beim Zentrieren, seien schwer mit Worten zu beschreiben. Sie sind die Grundvoraussetzung für die Validation", sagt die Validationsverantwortliche des Demenzzentrums Sonnweid. Validation ist eine Kommunikationsform, bei der man versucht sich ganz auf den anderen einzustellen, das Gefühl und das Bedürfnis zu erfassen, was hinter den Worten, dem vordergründigen Ausdrucksformen wie Lautstärke der Stimme, Mimik, Gestik liegt. Naomi Feil, die diese Kommunikationsform entwickelt, beschrieben und angewandt hat, schreibt, dass man sich zunächst der Emotion, die durch den Anderen bei einem Selbst ausgelöst wird, bewusst werden muss. Zum Beispiel: *Diese Frau macht mich verrückt.* Nachdem man diesen Zustand an sich wahrgenommen, entsprechend gewürdigt hat, schiebt man ihn zur Seite, zentriert sich. Es gehe darum, in sich selbst die eigene Mitte zu finden, den Punkt, wo man sich am meisten bei sich fühlt. Bei dem einen ist es der Bauch, bei dem anderen der Brust- und Herzbereich oder es sind die Beine, der Kopf. In einem nächsten Schritt erdet man sich, dass heißt, man spürt bewusst den Boden unter seinen Füßen, wie er einem Halt gibt und damit einen festen Stand. Aus dieser zentrierten Haltung heraus, beobachtet man den anderen, in dem Fall, den verwirrten Menschen, um herauszufinden, in welchem emotionalen Zustand er sich befindet, wie viel Nähe er gerade in diesem Zustand verträgt oder ob er Berührung wünscht. In einer Gruppe mit Menschen mit Demenz kann das so aussehen, sagt die Validationsverant-wortliche: „Angenommen jemand stellt eine Frage, wie ,Ich weiß nicht, was die Zukunft bringt. Wie wird das sein mit dem Tod?' Dann versucht die Pflegerin, in dem sie sich zentriert, zu erfassen, was hinter der Frage stehen könnte und fragt nach: ,Sorgt Sie das Herr Müller. Haben Sie sich schon einmal vorgestellt, was nach dem Tod kommt.' Oder sie fragt in die Runde: ,Haben Sie sich auch schon einmal eine solche Frage gestellt?'. Damit öffnet die Pflegerin eine Art Raum, so dass die Menschen sich ausdrücken können und ihre Ressourcen und Fähigkeiten in den Raum treten können."

Menschen mit Demenz und Menschen, die wegen ihrer Krankheit oder Behinderung sehr eingeschränkt sind, sind davon abhängig, dass andere Menschen ihnen gegenüber aufmerksam sind und ihnen den Raum eröffnen, sich auszudrücken. Wird ihnen diese Möglichkeit nicht gegeben, reagieren sie oft für uns uneinsichtig, werden wütend, aggressiv, verhalten sich selbstgefährdend. Erst wenn Menschen ihre Bedürfnisse ausdrücken können, wenn sie von anderen wahrgenommen werden, fühlen sie sich anerkannt und akzeptiert. Und das gilt auch für Menschen, die nicht aufgrund von Krankheit oder Behinderung eingeschränkt sind. Das ist die Basis für den Austausch verschiedener Ansichten und des gegenseitigen Wachsens.

Präsent sein, zentriert sein auf den Anderen, ihn wahrnehmen, aktiv zuhören im Sinne einer allumfassenden Wahrnehmung, also auch der nonverbalen Ausdrucksformen, ist die Voraussetzung für die Anwendung sozialer Interaktion. Kommunikationswissenschaftler sprechen von der Fertigkeit des Zuhörens als zentrale personale Interaktionsfertigkeit. Zuhören ist eine Grundvoraussetzung, um alle anderen interpersonalen Fähigkeiten ein-zusetzen. „Wenn Sie kein guter Zuhörer sind, dann werden Sie auch Probleme damit haben, all die anderen interpersonalen Fertigkeiten zu erwerben." (Robbins und Hunsaker, z. nach Hargie, 2013: 225)

Den anderen möglichst wertfrei und vorurteilsfrei wahrnehmen, in dem was er sagt, in dem, was er durch sein nonverbales Verhalten ausdrückt, ihn als Person erfassen, ist eine wichtige Schlüsselqualifikation in vielen Berufen. Gemeint ist in diesem Kontext nicht das Zuhören, um sich eine Information merken und wiedergeben zu können, sondern das Zuhören in einem umfassenderen Sinne, in dem ebenso der Bereich der nonverbalen Botschaften einbezogen wird. Viele Botschaften senden wir auf der nonverbalen Ebene, ohne uns dessen bewusst zu sein. Es geht im Bereich der interpersonalen Kommunikation um den „Prozess der Gewahrwerdung aller Signale, die eine Person aussendet" schreibt der Kommunikationswissenschaftler van Slyke. (Hargie, 2013: 226)

Studien belegen, dass ein Arzt, der aktiv dem Patienten zuhört, erfolgreicher ist. In helfenden und unterstützenden Berufen ist Zuhören die grundlegendste aller kommunikativen Fertig-keiten. Aber auch bei Führungskräften gilt Zuhören im Sinne einer allumfassenden Aufmerksamkeit als Schlüsselqualifikation. Dabei geht es im Managementbereich beim Zuhören zuerst, um eine Möglichkeit Informationen zu erhalten. Bereits an zweiter und dritter Stelle geht es darum, Interesse an und Respekt für den Mitarbeiter zu bekunden sowie die Wichtigkeit der Person und ihr Recht darauf „gehört zu werden" zu bekräftigen. Weiterhin geht es Führungskräften darum durch aktives Zuhören, den Mitmenschen das Gefühl zu geben, beteiligt und respektiert zu werden. Insofern drückt sich im aktiven Zuhören eine Haltung des Respekts, der Wertschätzung und der Akzeptanz gegenüber dem anderen aus.

Bei vielen Interaktionsformen, die speziell für therapeutische Zwecke entwickelt worden sind, ist aktives Zuhören, präsent sein, achtsam sich selbst und dem anderen Gegenüber sein, Voraussetzung für den weiteren Prozess der Interaktion. Hypnotherapeuten oder Coaches, die in hypnotherapeutischer Kommunikation ausgebildet sind, sind besonders geschult darin, den anderen und sich selbst allumfassend wahrzunehmen. Sie erfassen die Tonalität seiner Stimme, den Klang, die Rhythmik, wie er atmet, bei welchen gesprochenen Inhalten und wie sich die Stimme verändern. Sie erfassen dazu die kleinsten Bewegungen des Klienten, seine Sitzhaltung, seine Mimik und wie sie sich im Gespräch verändern. Ebenso aufmerksam und präsent ist ein in hypnotherapeutischer Kommunikation geschulter Mitarbeiter, eine Führungskraft, ein Arzt, Therapeut, Coach sich selbst gegenüber, denn nur in der Begegnung in der Interaktion kann er sich mit dem anderen verbinden. Durch diese hohe Präsenz, dieses Zentrieren auf den Augenblick, sein Gegenüber – das können auch Gruppen sein –

und sich selbst, entsteht ein hohes Bewusstsein für all die differenzierten Vorgänge, für die Empfindungen und Bedürfnisse hinter dem Gesagten. Es ist möglich vielschichtiger mit dem Gegenüber in Kontakt zu treten. Die Verbindung zum Anderen in dem Moment ist tiefer und ein Prozess des Verstehens durch Einfühlen entsteht. Mit dieser Qualität des mit uns selbst und mit Anderen In-Kontakt-Tretens, ermöglichen wir uns besser zu verstehen. Wir geben uns selbst und anderen den Raum sich auszudrücken, seine Gefühle auszudrücken, seine Bedürfnisse. Sich selbst wahrnehmen und in den anderen einfühlen, auf dieser Fähigkeit zur Empathie basiert das Konzept der gewaltfreien Kommunikation von Marshall B. Rosenberg. Das Präsentsein für sich und den anderen, das bewusst machen der komplexen Vorgänge auf verschiedensten Ebenen und dann der Einsatz der Fertigkeiten der sozialen Interaktion ermöglichen uns, wie Marshall B. Rosenberg es nennt, mit unserer einfühlsamen

Natur und der des anderen in Verbindung zu bleiben. Rosenberg beobachtete bei seinen wissenschaftlichen Untersuchungen, dass wir über die Art und Weise wie wir zuhören und kommunizieren mit unserer einfühlsamen Natur in Verbindung bleiben und Abwehr, gewalttätige Reaktionen und Widerstand reduzieren können. Wir gehen in einer anderen Qualität miteinander um: Wir sind mehr im Kontakt mit einer lebendigen Kraft, die uns selbst kraftvoller und die uns in Verbindung mit allem, was wir tun, sein lässt.

In dem Moment, in dem es uns gelingt präsent zu sein, aktiv zuzuhören sind wir offen für den Anderen. Wir können mit dem anderen Menschen eine tiefere Verbindung eingehen und besser seine Bedürfnisse, die oft hinter Aussagen, Verhaltensweisen verborgen liegen, verstehen und umgekehrt verstanden werden. Wir haben die Fähigkeit uns in andere Menschen einzufühlen, wie die Leiterin der

Bewegungsgruppe in die Blumenfrau und die Situation. Empathie ist eine von vielen Fähigkeiten, die es uns ermöglichen, in andere Menschen hineinzuversetzen. In den 1970er Jahren entwickelten Psychologen und Kognitionswissenschaftler die „Theory of Mind", abgekürzt ToM. In ihr sind die Grundlagen für die Fähigkeiten beschrieben, die ein Mensch braucht, um sich in andere hineinzuversetzen und deren Gedanken, Absichten und Stimmungen zu verstehen. Denn ohne ein Interesse am Anderen und eine differenzierte Wahrnehmung des Anderen, kann sich kein Mitgefühl, kein Respekt und damit keine Rücksicht gegenüber dem Anderen entwickeln. In der „Theory of Mind" sind viele Aspekte verschiedenster Wissenschaftsgebiete zusammengeführt, die es uns ermöglichen, andere Menschen zu verstehen. Dazu gehört die Empathiefähigkeit. Die Neurobiologie untersucht die neurobiologischen Grundlagen, die ein Verstehen des anderen ermöglichen, die Psychologie weist auf den Aspekt, dass der Mensch ein soziales Wesen ist und unser Selbst sich nur durch Interaktion mit dem anderen entwickelt. Der Psychologie William James war einer der ersten, der im Jahre 1890 darauf hinwies, dass der Mensch so viele „soziale Selbst" besitzt wie er Beziehungen eingehe. (Förstl, 2007: 6) Evolutionäre Aspekte spielen eine Rolle, denn die Fähigkeit andere zu verstehen und wahrzunehmen, ermöglichte es Menschen zu überleben.

Viele Hindernisse befinden sich zwischen uns und unserem Gegenüber, wenn es ums Zuhören, ums Präsentsein geht. Wir sind von unseren mentalen Einstellungen, unseren Erfahrungen geprägt, ordnen das, was unser Gegenüber sagt unseren Wertvorstellungen, unseren vorhandenen Mustern zu, inter-pretieren oder begegnen ihn mit Vorurteilen. „Wir entdecken das Potential unseres Einfühlungsvermögens, wenn wir uns auf die

Klärung von Beobachtung, Gefühl und Bedürfnis konzentrieren, statt zu diagnostizieren und zu beurteilen.", schreibt Marshall B. Rosenberg (2011: pos. 307,308). Denn durch intensives Zuhören nach innen und nach außen fördern wir Wertschätzung, Aufmerksamkeit und Einfühlung und damit den Wunsch „von Herzen zu geben."

Zuweilen ist unsere Aufmerksamkeit abgelenkt, weil wir an einen Termin denken, der im Anschluss an die aktuelle Begegnung stattfindet oder uns noch ein Streit mit dem Partner, dem Sohn, der Tochter, dem Vorgesetzten in den Knochen steckt. Wenn Zuhören in einem allumfassenden Sinn die wichtigste Voraussetzung für das Gelingen aller interpersonellen Fähigkeiten ist, wie gelingt es dann vorurteilsfrei, ohne die Brille der eigenen mentalen Einstellungen oder abgelenkt von Gedanken an Ärger oder Termine dem anderen zuzuhören, ihm offen zu begegnen. Wie gelingt es präsent zu sein, mit seiner Aufmerksamkeit im Hier und Jetzt zu verweilen?

In den bewusst eingesetzten Interaktionsprozessen wie der Validation, gewaltfreien Kommunikation oder bei Interaktionsprozessen im therapeutischen Kontext zentriert sich die Therapeutin, der Therapeut oder die Fachkraft nicht nur auf den Anderen, sondern auch auf ihre eigenen Empfindungen, die sie im Moment hat. Sie nimmt ihre eigenen Empfindungen wahr, lenkt ihre Aufmerksamkeit auf ihre Atmung oder spürt den Boden unter ihren Füßen und zentriert sich erst dann auf den Anderen, nimmt ihn mit all seinen Ausdrucksformen im Moment wahr. Dabei geht die Fachkraft nicht davon aus, dass es stimmt, was sie vermutet. Sie probiert aus, ob ihre Vermutungen stimmen, in dem sie ausspricht, was sie spürt. Sie formuliert es als Angebot und wenn ihr Gegenüber signalisiert, dass es nicht stimmt, dann formuliert sie eine andere

Vermutung als Angebot. Ähnliche Komponenten finden wir im Prozess der gewaltfreien Kommunikation. Dieser Prozess vollzieht sich in vier Komponenten. Die erste Komponente ist das Beobachten, in der zweiten geht es um die Gefühle, in der dritten um die Bedürfnisse und in der vierten um Bitten. In jeder der vier Komponenten besteht ein Prozessschritt im allumfassenden Zuhören sowohl des Gegenüber als auch uns selbst, also eine nach Außen und eine nach Innen gerichtete Aufmerksamkeit. Es werden konkrete Handlungen und Erscheinungen in der Situation beobachtet, ohne dass sie bewertet oder beurteilt werden. Und es wird das Bewusstsein auf das gerichtet, was wir selbst oder der andere fühlen oder wir vermuten, dass er fühlt. Wir nehmen unsere Bedürfnisse, die in dieser Situation auftauchen wahr und die des anderen oder die, die wir vom anderen annehmen.

Der spirituelle Lehrer und Autor Eckhart Tolle beschreibt ein Modell wie wir unser Bewusstsein auf Gegenwärtiges lenken können. Wir leben zu wenig im Hier und Jetzt, davon geht Eckhart Tolle aus. Stattdessen befinden wir uns in unseren Gedanken und inneren Bildern in der Vergangenheit oder in der Zukunft. Wir identifizieren uns mit unseren Gedanken und inneren Bildern und den Gefühlen, die sie auslösen. So verweilen wir eine große Zeit unseres Lebens in unseren Ängsten, Befürchtungen und Sorgen. Wir Menschen haben aber dank unseres Bewusstseins von uns Selbst, die Möglichkeit uns selbst als Beobachter zu sehen. Wenn wir uns selbst als Beobachter betrachten, dann können wir wahrnehmen, ohne zu beurteilen und zu bewerten, wie unsere Gedanken in inneren Bildern verweilen und wie sich zu diesen inneren Bildern Gefühle einstellen, die sich in uns ausbreiten. Wir können beobachten, wie Gedanken und Bilder kommen und gehen.

Wir nehmen sie wahr und indem wir sie wahrnehmen, merken wir, dass sie ihre Intensität verlieren. Sie sind da, aber auf merkwürdige Weise leicht. Wir können dann den Augenblick, das „Jetzt" wie Eckhardt Tolle es nennt, wahrnehmen. Mit dem Augenblick des „Jetzt" meint er unser Sein im Augenblick. Wenn es uns gelingt ganz gegenwärtig zu sein, dann spüren wir die Kraft unseres Seins und unsere Verbundenheit mit allem Sein um uns herum. „Gib deinem Partner Raum, sich auszudrücken. Sei gegenwärtig. Dann werden Beschuldigung, Verteidigung und Angriff – all die Muster, die das Ego schützen und stärken oder seine Bedürfnisse befriedigen sollen – überflüssig. Anderen – und sich selbst – Raum zu geben ist von entscheidender Bedeutung. Ohne das kann keine Liebe erblühen." (Tolle, 2002: Pos 786). Der Weg in den Augenblick, in das Präsentsein, in das, was gerade geschieht, beschreibt Tolle über das bewusst werden des Bewusstseins unseres Selbst, wie es sich mit inneren Bildern und Gedanken und Gefühlen verbindet.

Es gibt verschiedene Arten von Bewusstsein und unser Bewusstsein arbeitet verschieden intensiv. Würde man eine Intensitätsskala für das Bewusstsein angeben, dann könnte man zwischen den Extremwerten dumpf bis scharf, die verschiedensten Abstufungen einstellen. Das Selbst sei ein höchst beweglicher Gegenstand und ebenso wie die verschiedenen Bewusstseinsarten keine starren Kategorien seien, schreibt Antonio Damasio (2011:183). Sie sind abhängig von den Situationen, in denen wir uns befinden, die sich verbinden mit früheren Situationen, Erfahrungen und Erlebnisse, die als Karten und Bilder in unserem Gedächtnis abgespeichert sind. Unser Selbst ist sich offensichtlich bewusst, dass es Bewusstsein gibt und dass es von unterschiedlicher Intensität ist. Im Alltag nehmen wir den Grad der Intensität, den unser

Bewusstsein auf der Bewusstseinsstufe hat, in den meisten Situationen einfach hin. Wir bemerken, dass wir während wir einem Vortrag folgen, in Tagträume abschweifen, wir merken, dass wir in manchen Situationen hoch konzentriert sind, fokussiert auf ein bestimmtes Ereignis und blenden alles andere aus. Wir können aber unser Bewusstsein bewusst scharfstellen und so zwischen verschiedenen Bewusstseinsebenen bewegen, wie wir ein Kameraobjektiv entsprechend einstellen können. In der Praxis beim Umgang mit Menschen mit Demenz und in vielen anderen Situationen können wir uns bewusst darauf einstellen zuzuhören, präsent zu sein, im Hier und Jetzt zu sein und so dem Gegenüber und uns selbst den Raum zu öffnen, seine Befindlichkeiten auszusprechen und mit tieferen Ebenen unseres Seins in Verbindung zu treten, mit uns selbst, untereinander und ebenso mit dem was uns umgibt.

Zuhören, präsent sein, im Hier und Jetzt sein – die Vorgänge, die wir bewusst vollziehen, damit uns das Zentrieren gelingt, zeigen sich auf der neurobiologischen Ebene und weisen den Weg, über die Qualität und die Auswirkungen unserer sozialen Interaktionen ein erweitertes Bewusstsein zu erlangen. Die positive Wirkung, die wir bei Menschen mit Demenz und bei Menschen in existenziellen Grenzsituationen, die abhängig von uns sind, deutlich erkennen können an der Mimik, an Ausdrücken des Wohlbefindens, der Freude und von Glück – sind lediglich die Spitze des Eisberges. Sie zeigen uns nur ein Bruchteil der vielfältigen Möglichkeiten uns zu Wohlbefinden, Glück und innerem Wachstum zu verhelfen. Die tiefere empathische Verbindung unter uns Menschen sowie mit allen anderen Lebewesen, ermöglichen es uns, unseren Wahrnehmungshorizont zu erweitern andere Einstellungen uns selbst und dem Leben gegenüber einzunehmen und friedlicher zusammenzuleben. Ein wichtiger Aspekt dabei ist, dass soziale Interaktionen die neuronalen Strukturen unseres Gehirns aufgrund der neuroplastischen Fähigkeiten unseres Gehirns verändern. Wie wir miteinander umgehen birgt offensichtlich für unsere Zukunft als Menschen enorme Chancen und Risiken.

5

Ich bin, weil du bist

Nach einem langen Tag im Demenzzentrum Sonnweid sitze ich am Abend auf der Terrasse meines Domizils. Gelegentlich fährt ein Auto auf der Anliegerstraße vorbei. In der Zeitung lese ich Berichte von randalierenden Jugendlichen in Wetzikon. Autos sind in der vergangenen Nacht in Flammen gestanden. Es ist ruhig in dem Wohnviertel, in dem es gepflegte Ein- und Mehrfamilienhäuser gibt, große sauber betonierte Parkflächen und wenig Grün. Ich blättere noch etwas in meinen Notizen, finde das Zitat „Im Antlitz des anderen Menschen begegnet uns unser eigenes Menschsein." Die meisten Autoren, die es verwenden schreiben es dem Neurobiologen und Mediziner Joachim Bauer zu. Er verweist auf die Spiegelneuronen mit der unsere Empathiefähigkeit auf neurobiologischer Ebene erklärt werden kann. Unsere Empathiefähigkeit und deren neurobiologischen Grundlagen, die sie als wissenschaftlich nachgewiesenes Faktum adeln, ist nicht die einzige Fähigkeit, die es ermöglicht, zwischen uns Menschen eine tiefere emotionale Verbindung des Verstehens herzustellen. In meinen Notizen finde ich ein Protokoll von einer Fallbesprechung aus einer Einrichtung, in der ich als Supervisorin tätig bin.

„Herr Klein ist aggressiv. Er brüllt, wenn ich den Raum betrete. Er schreit mir ins Gesicht, dass ich gefälligst für ihn da zu sein habe, schließlich bezahle er mit seinen Heimkosten auch mein Gehalt mit. Ich halte das nicht mehr aus. Ich bin derart wütend auf diesen Menschen", Pflegerin Uschi ist rot im Gesicht, sie atmet schnell als sie in der Fallbesprechung die aus ihrer Sicht problematische Situation mit Herrn Klein vorstellt. Herr Klein ist Ende vierzig, aufgrund einer schweren Erkrankung des zentralen Nervensystems seit einiger Zeit Rollstuhlfahrer und bei seiner Körperpflege und der Gestaltung seines Alltages abhängig von anderen Menschen. Er lebt in einem Pflegeheim. „Ja, es stimmt. Herr Klein wird schnell ungehalten, wenn nicht sofort Hilfe kommt, wenn er auf Toilette muss. Aber er beruhigt sich ebenso schnell wieder", sagt eine andere Pflegerin. „Wenn ich etwas später komme, als er geklingelt hat, dann sage ich: ‚Entschuldigung, Herr Klein. Es tut mir Leid, sie müssen dringend auf die Toilette. Das ist sicher nicht angenehm. Ich habe mich sehr beeilt, ich war gerade dabei Frau John vom Bett in den Rollstuhl zu bringen.' Dann sagt er: ‚Schon gut. Sie sind ja jetzt da.' und lächelt mich an. Ich glaube er hat nur Angst, dass ein Malheur passiert und da er ohne Hilfe den Toilettengang nicht bewältigt, gerät er in Stress, wenn nicht gleich einer kommt." Wieder ein anderer Pfleger sagt: „Hm, also ich erlebe Herrn Klein als sehr offen und witzig. Erst gestern Abend, als ich ihn zu Bett brachte, unterhielten wir uns über Ungarn. Seine Frau stammt aus dem gleichen Ort, aus dem ich herkomme. Er kannte den Ort, hat dort im Weinkeller meines Vaters Wein getrunken, als er noch gesund war. Vielleicht haben wir uns schon gesehen."

Die vielen Gesichter des Herrn Klein. Eine Situation, die austauschbar ist. Die meisten von uns kennen Menschen, die ungeduldig sind, Wut und Ärger Luft machen. Und die meisten von uns haben erlebt, dass je nachdem wie man mit einem Wutausbruch eines anderen Menschen umgeht, dieser sich beruhigt oder die Situation eskaliert. Es liegt an der Art der Begegnung, die die wenigsten von uns bewusst gestalten, in dem sie präsent für den anderen sind, offen und aktiv zuhören, in dem Sinne, dass sie die dahinter liegenden Bedürfnisse erfassen. Die meisten von uns reagieren, wie es ihren Gewohnheiten und Erfahrungen entspricht. Sie gehen oft auf unsere Erfahrungen zurück, die wir in der Kindheit mit unseren primären Bezugspersonen erlebt haben. Im Falle von Herrn Klein könnte es sein, dass er als Kind sehr oft erlebt hat, dass er hinten anstehen musste, weil er viele Geschwister hatte. Vielleicht nahmen Mutter oder Vater seine Bedürfnisse nur wahr, wenn er sich lautstark geäußert hat. Vielleicht ist seine Angewohnheit, sich lautstark zu melden, erst später mit seiner Krankheit und den Einschränkungen, die sie mit sich brachte, entstanden. Vielleicht ist er wütend über sich selbst, weil ihm alltägliche Verrichtungen, wie Händewasche oder Toilettengänge, die ihm früher mühelos gelangen, nicht mehr gelingen und er sich damit nicht abfinden kann, dass er von anderen Menschen abhängig ist. In jedem Fall hat sein Erleben, wie bereits Kitwood schrieb, ein neuronales Abbild und wie der Neurowissenschaftler Gerald Hüther ausführt gehen sie auf Beziehungserfahrungen zurück. „Die wichtigsten Erfahrungen, die einen heranwachsenden Menschen prägen und die in Form komplexer neuronaler Verknüpfungen und synaptischer Verschaltungen in seinem Gehirn verankert werden, sind solche, die in lebendigen Beziehungen mit anderen Menschen gemacht werden. In all jenen Bereichen, in denen es sich von tierischen

Gehirnen unterscheidet, wird das menschliche Gehirn durch Beziehungserfahrungen mit anderen Menschen geformt und strukturiert. Unser Gehirn ist also ein soziales Produkt und als solches für die Gestaltung von sozialen Beziehungen optimiert. Es ist ein Sozialorgan." (2011: 44) Menschliche Gehirne seien Organe, die nur in einem Netzwerk von anderen Gehirnen überlebens- und entwicklungsfähig sind. Hüther schlussfolgert aufgrund unserer neurobiologischen Konstitution: „Kein Mensch kann allein überleben und die in ihm angelegten Potentiale entfalten." Diese Erkenntnis, ist sie erst im Bewusstsein einer Gesellschaft angekommen – was bedeutet sie? Wird diese Erkenntnis zum vorherrschenden Paradigma unserer Gesellschaft, unserer Kultur, wird sie unser Zusammenleben, unsere Bildungseinrichtungen und unser gesamtes Weltbild verändern.

Wir sind nur überlebensfähig durch soziale Beziehungen und unsere Lebensqualität hängt überwiegend von der Qualität der sozialen Interaktion sowohl zu uns selbst – also ob wir uns selbst beschimpfen oder wertschätzen - als auch zu anderen Menschen ab.

Wenn der Mensch am Schwächsten ist, wenn er in einem Zustand sich befindet, in dem sein Leben an dünnen Fäden hängt, tritt die Bedeutung der Beziehungsqualität für Wohlbefinden und Lebensqualität am deutlichsten hervor. Wenn wir im Alltag unsere eigenen Interaktionen genauer anschauen, wird in einer anderen Weise deutlich, was es heißt, dass wir erst durch soziale Interaktion mit dem Anderen zu dem werden, was wir sind. Soziale Interaktion kann ganz gleich wie sie verläuft, als ein Angebot gesehen werden, das uns veranlasst, uns zu entwickeln. Im Falle von Herrn Klein, der ungehalten und wütend gegenüber seinen Bezugspersonen in bestimmten Situationen auftritt, kann ihm durch ein Feedback, wie beim Empfänger die Wut ankommt oder was der Empfänger hinter der Wut erahnt, für Herrn Klein eine Einladung sein, sich selbst im Spiegel des anderen zu sehen und über die Wurzeln seiner Wut oder die Zusammenhänge seiner Wut nachzudenken. Ein weiterer Aspekt ist wichtig: Der Kontext, in dem sich die Wut zeigt, die Beziehung. Gegenüber einer anderen Person oder in einem anderen Kontext zeigt beispielsweise Herr Klein andere Eigenschaften. Dann verhält er sich möglicherweise charmant, interessiert, humorvoll. Wie wir uns zeigen verändert sich je nach Kontext, je nach Beziehungen, je nach Art der Interaktion. Wir haben die Möglichkeit uns zu verändern.

Wie Kitwood festgestellt hat, bedeuten neurodegenerative Veränderungen im Gehirn nicht, dass ein stetiger Verfall einsetzt. In einer gelungen Interaktion zeigt sich, dass der

Mensch mit Demenz auf andere Menschen eingehen und sich auf das Interaktionsangebot einlassen kann, dass er sich über seine Situation und sein Befinden, seine Ängste und Bedürfnisse mitteilen und äußern oder sich auf andere Art und Weise durch andere Menschen assistiert ausdrücken kann.

Inwieweit soziale Interaktionen im Verlaufe eines Lebens bei der Entstehung und für den Verlauf von Demenz eine Rolle spielen, dieser Frage wird meines Wissens in der Grundlagenforschung nicht nachgegangen. Was die Grundlagenforschung erschütterte, war die Snowdon Studie. Der amerikanische Neurologe David Snowdon begann im Jahre 1986 Jahren eine Langzeituntersuchung. Er begleitete mit einer Studie das Leben von mehr als 600 Nonnen, die unter ähnlichen Lebensbedingungen lebten, um herauszufinden, welche Faktoren die Entstehung von Alzheimer Demenz begünstigen. Einige der Nonnen sagten darüber hinaus zu, dass nach ihrem Tode, ihr Gehirn obduziert werden dürfe. Es stellte sich heraus, dass Nonnen, die zu Lebzeiten keinerlei Anzeichen von Demenz gezeigt hatten, ein wie bei einem Menschen mit Alzheimer Demenz zerstörtes Gehirn hatten und dass es andererseits Nonnen gab, die zu Lebzeiten Demenzsymptome aufwiesen, kaum pathologische Veränderungen im Gehirn zeigten. Das stellt die bisher angenommene Kausalität, dass Plaques (Eiweißablagerungen im Gehirn) Demenz hervorrufen, in Frage und öffnete die Tür für neue Fragestellungen, wie zum Beispiel unter welchen Bedingungen neurodegenerative Veränderungen kompensiert werden können. Ein ebensolches Phänomen auf das bereits Kitwood hinwies, ist das Phänomen der spontanen intermittierender Remissionen kurz vor dem Tod von Menschen mit Demenz. Sie sind dann oft sehr klar. Vielleicht ein Hinweis darauf, dass selbst ein schwer geschädigtes Gehirn über mehr

Reserven verfügt und soziale Interaktion unter Umständen mit eine Rolle spielt, mutmaßt Kitwood. Untersucht ist dies bisher nicht.

Möglicherweise spielt soziale Interaktion eine große Rolle bei der Entfaltung unserer Reserven und Fähigkeiten, sowohl bei Menschen mit Demenz und in einem bisher unentdeckten Ausmaß bei jedem Menschen. Im Demenzzentrum Sonnweid in Wetzikon können Besucher und Gäste des Hauses unter ihnen Fachkräfte aus anderen Einrichtungen, Wissenschaftler und Journalisten, Menschen aus aller Welt, erleben, was Präsenz, Achtsamkeit, gelungene soziale Interaktion für immense Auswirkungen auf das Befinden in der jeweiligen Situation und auf das Gesamt-befinden von Menschen haben kann. Im Alltag können wir bei unseren eigenen Interaktionen, Begegnungen und Beziehungen selbst er-fahren, welche Wirkungen die jeweiligen Interaktionen in unseren Beziehungen haben, wie sie eine Beziehung schwächen, stärken, günstig gestalten, blockieren, trennen und zerstörerisch wirken können. Was für Beziehungen und speziell für Interaktionen zwischen Menschen gilt, gilt ebenso für Umgebungsbedingungen. Menschen stehen auch zur Architektur, zu Tagesabläufen, Gewohnheiten, Gerüchen, Düften, Lichtverhältnissen in Interaktion. Wie zeigen sich diese Einflüsse im Alltag? Was bedeutet das für die Gestaltung unserer Umgebungsbedingungen?

6

Alles bezieht sich auf alles: Menschen, Licht, Kuchenduft

Im Januar 2012 wurde ein Neubau im Demenzzentrum Sonnweid eröffnet, der Erweiterungsbau 3. Bevor Menschen mit Demenz einzogen, wohnten im neuen Haus Dozenten und Seminarteilnehmer im Neubau, das für diesen Zeitraum „Hotel zum Vergessen" genannt wurde. Ich erreichte am späten Abend nach einer vierstündigen Autofahrt die Sonnweid, mir wurde ein Appartement im „Hotel zum Vergessen" zugewiesen und das „Restaurant" gezeigt. Letzteres bestand aus einem Areal in einem der breiten Gänge im ersten Stock des Hauses auf dem Tische und Stühle platziert waren. Die Gänge und angrenzenden Räume waren großzügig und klar eingerichtet mit vielen Fensterflächen. Eine heimelige Atmosphäre herrschte. Neben dem Essbereich am Ende des breiten Ganges gab es eine Art Loungebereich mit einem Kamin. Von den

Sitzgruppen, verschiedenfarbige Sessel, die man auch gern zuhause stehen haben würde, konnte man durch die großen Panoramaglasfronten über die schneebedeckte Wiese in die Berge sehen. Solche einladenden breiten Sessel standen in größeren Abständen platziert im geräumigen Gang. Der Gang, auf dem man einen Rundweg durch die Station laufen konnte, führte um eine Art überdachten Innenhof auf dem die Gäste und später die Bewohner auf einer Schräge herunterlaufen konnten und in dem Wasser vom zweiten Stockwerk durch einen begrünten Bereich herunterfloss. An den Wänden befanden sich Zitate von Literaten, Malern, Gelehrten, Wissenschaftlern. Die an den Gang angrenzenden Gemeinschaftsräume, Stübli genannt, sind geräumig und von jedem Raum führen Türen auf eine breite, das Haus umlaufende Holzterrasse. Licht flutet in die Räume, an Sonnentagen ebenso wie an trüben Tagen. Das liegt auch am zirkadanen Licht, das von der Decke scheint. Zirkadanes Licht passt sich je nach Tageszeit dem Tageslicht an. Das neue Gebäude im Demenzzentrum Sonnweid trägt für drei Wochen nicht nur das Label „Hotel" – es ist ein

Haus, in dem sich die Gäste und Dozenten wohlfühlen. Es ist großzügig, hell, mit offenen Zugängen nach Draußen, und als Gast fühlt man sich geborgen, irgendwie leicht und entspannt. Unbehagen bereitet lediglich die Vorstellung, dass man in einigen Jahrzehnten vielleicht selbst an Demenz erkrankt und nicht als Gast, sondern als Bewohner ein Appartement bezieht. Acht Monate später, als ich das Haus im August besuche, bewohnen es Menschen mit Demenz. Die Atmosphäre wirkt unverändert. Ich fühle mich leicht und frage mich, ob das am Hochsommer liegt, der dem Tag eine Leichtigkeit gibt. Die Mitarbeiter und Mitarbeiterinnen, die im Haus 3 tätig sind, berichten, dass es ruhiger ist im Neubau. Der Geräuschpegel ist niedriger und durch die großen Räume und den vielen Möglichkeiten nach draußen auf die Terrasse zu gehen und den vielen Orten, an denen sich Bewohner niederlassen können, seien die Bewohner entspannter, ruhiger und ebenso fühlen sich die Mitarbeiter im neuen Haus wohler, alles fühle sich leichter an.

Nicht nur soziale Interaktion beeinflusst unser Wohlbefinden, unsere Art und Weise in der Welt zu sein, zu denken, uns wertgeschätzt zu fühlen, auch die Umgebung, die Architektur, die Landschaften, die klimatischen Verhältnisse, die Lichtverhältnisse prägen uns. Wir sind ebenfalls mit unseren Umgebungsbedingungen in Verbindung und in Interaktion. Starten wir wieder bei Menschen in existenziellen Grenzsituationen, denen wir besonders achtsam begegnen, damit sie verstanden werden und assistiert selbst bestimmt leben und ihr Leben als lebenswert empfinden können, dann spielen Architektur und Lichtverhältnisse eine große Rolle. Große Räume, lassen die meisten Menschen aufatmen, andere fühlen sich verloren, in kleinen Räumen fühlen sich manche Menschen geborgen, andere eingeengt, beklemmt. Bei Sonnenschein fühlen wir uns wohler, sind aktiver, bei trüben Licht und an kurzen Tagen schlägt das auf unser Gemüt. Architekten berücksichtigen, wenn sie öffentliche Gebäude konzipieren, neben funktionellen Aspekten viele andere Faktoren, die dem Wohlbefinden dienen. Noch in den neunzehnhundertachtziger Jahren vegetierten alte, psychiatrisch kranke Menschen in großen Schlafsälen. Ein anderes Verständnis von den Bedürfnissen von Menschen in existenziellen Grenzsituationen herrschte vor, ein anderes Menschenbild. In der Geschichte der Gesundheitsarchitektur gibt es viele Motive und Rahmenbedingungen, die Architekten so bauen ließen wie sie bauten: ökonomische Vorgaben, funktionelle Aspekte, das in der jeweiligen Zeit verhaftete Verständnis vom Umgang mit kranken und alten Menschen. Selten waren es die Bedürfnisse von alten und kranken Menschen, die eine Rolle spielten. Heute beim Neubau von Krankenhäusern und Pflegeeinrichtungen setzen sich Architekten auch damit auseinander, was kranken, alten und dementen Menschen gut tut, was Heilung oder das

Wohlbefinden unterstützt. In welcher Umgebung Menschen sterben wollen – mit Blick vom Bett in die Natur, auf die Berge, auf einen Baum, der vorm Fenster steht, in den Himmel. Allerdings gibt es große Unterschiede in der Gesundheitsarchitektur. Planen Auftraggeber und Architekten, nach ihren Vorstellungen, die sie davon haben, was für die Zielgruppe der Pflegeeinrichtung gut ist, oder haben sie ehrgeizige ästhetische Präferenzen oder gehen sie in die Praxis, beobachten vor Ort, befragen sie Mitarbeiter und Bewohner von Pflegeeinrichtungen und lassen sie die Erfahrungen und Bedürfnisse in die Planung einfließen. Oft wundert es, dass vor einem Heim für schwerbehinderte Menschen, die Rollstuhlfahrer sind, der Weg mit Kopfsteinen gepflastert ist, was zwar schön aussieht, aber für die Menschen in Rollstühlen ein lebensgefährliches Hindernis sein kann. Nämlich dann wenn der Rollstuhlfahrer ausgelöst durch das Holpern aus dem Rollstuhl rutscht, weil er sich aufgrund von Ataxien nicht selbst aufrecht halten kann. Abfragen der Bedürfnisse der Menschen, die das Gebäude nutzen setzt die Anerkennung ihrer Erfahrungen voraus.

Achtsamkeit gegenüber den Bedürfnissen künftiger Bewohner und Nutzer und das Einbeziehen ihrer Bedürfnisse, gilt nicht nur für Pflegeheime, sondern für jegliche Architektur wie für Schulen, Kindergärten, private Häuser, Universitäten, Museumsbauten. Doch wie muss ein Haus, ein Wohnheim beschaffen sein, damit es Menschen gut tut, denen die dort leben und denen die dort arbeiten? Allein die Funktionalität ist es nicht, denn nur die Funktionalität berücksichtigt, lässt ein Gebäude noch nicht zu einem Ort von Anziehungskraft werden.

Oft wissen wir nicht, warum wir uns an einem Ort, in einem Landstrich wohlfühlen und er für uns und viele Menschen eine große Anziehungskraft hat oder warum wir uns in manchen Gebäuden und Räumen wohlfühlen, in anderen eher beklemmt und wir schnell wieder herauswollen. Es ist vielleicht die Höhe der Räume, die Größe, die Anordnung, die Form, die Blickachsen, die durch Fenster und Glastüren möglich sind. In einer Landschaft, die uns besonders ergreift, die wir als besonders anziehend bezeichnen, ist es vielleicht das Arrangement von Bergen und Seen oder der weite Blick über Wiesen und Felder und wie diese von Wäldern gesäumt werden und den Blick auf eine Kirche mit einem Dorf freigeben oder der weite Blick den Strand entlang.

Abgesehen davon, dass jeder Mensch persönliche Präferenzen hat, spielt für alle Menschen der Lichteinfluss eine große Rolle. Das Licht, bestimmt unseren Tag- und Nachtrhythmus und dieser hat wiederum Einfluss auf unseren Stoffwechsel unser

Wohlbefinden, unsere Gesundheit. In vielen Pflegeeinrichtungen, aber auch in öffentlichen Gebäuden und im Arbeitsbereich wird zunehmend zirkadanes Licht eingesetzt. Das Licht simuliert Tageslicht, orientiert sich am Tag-Nachtrhythmus und sorgt so in einem Gebäude für natürliche Lichtbedingungen. Jetlags können ausgeglichen werden. Menschen, die zu depressiven Verstimmungen neigen, erfahren mit dem zirkadanen Licht Aktivierung.

Ebenso bedeutsam sind Geräusche, ob das Gebäude an einer belebten Straße liegt oder nicht und ob es einen Zugang vom Gebäude ins Freie, in die Natur gibt. Untersuchungen weisen auf den Zusammenhang zwischen Herzinfarktrisiko hin, wenn Menschen direkt an einer vielbefahrenen Straße leben. Der Geräuschpegel im Haus spielt eine große Rolle. Menschen mit Demenz nehmen ihre Umgebung anders wahr. Sie können die

Geräusche in einem Wohnbereich oder in einem Pflegeheim bereits als Reizüberflutung erleben und Stresssymptome zeigen. Gerüche sind ein weiterer Aspekt. Mit Krankenhäusern und Pflegeheimen verbindet man bestimmte Gerüche, die uns automatisch in einen unangenehmen Gefühlszustand versetzen, der vielleicht Bilder in uns wachruft, die unangenehm sind. Wie anders die Gerüche, die wir von zuhause kennen: Der Duft von frischen Semmeln und Kaffee am Sonntagmorgen. In Pflegeheimen ist der Geruchseindruck, wenn man ins Haus kommt ein Bewertungskriterium für die jährlich ins Haus kommenden Kontrollinstanzen Heimaufsicht und Medizinische Dienst der Krankenversicherer (MDK). Den Bewohnern zaubert es ein Strahlen ins Gesicht, wenn der Duft von Kuchen durch die Gänge zieht oder der von selbst gebackener Pizza, von frisch aufgebackenen Semmeln. Was für uns im Alltag so selbstverständlich ist, das wir es nicht als unser Wohlbefinden positiv beeinflussend wahrnehmen, bedeutet für Menschen, deren Lebenskraft sich zurückzieht und die von anderen Menschen abhängig sind eine deutliche Verbesserung ihres Zustands und ihrer Lebensqualität, es ist eine Art Therapeutikum. Nicht nur für Menschen in existenziellen Grenzsituationen ist dies so.

Wie wir unsere Umgebung gestalten, welchen Umgebungseinflüssen wir uns aussetzen, beeinflusst unser Wohlbefinden, unsere Gesundheit, wirkt sich, im Falle von Straßenlärm beispielsweise - auf die Lebenserwartung aus. In unserem alltäglichen Leben nehmen wir das selten bewusst wahr, es sei denn unsere Wohnbedingungen sind extrem schlecht, wir wohnen mit vier Personen in einem Raum oder unsere Wohnung befindet sich direkt an einer Stadtautobahn. Anders bei Menschen, die extrem eingeschränkt sind, deren Lebenskräfte reduziert sind. Wir können sehr deutlich sehen, wie die Umgebungsbedingungen zu Wohlbefinden beitragen. Wie entsprechende Lichtverhältnisse den Wach- und Schlafrhythmus beeinflussen, depressive Zustände abmildern, Menschen aktivieren.

Licht ist ein Aspekt, der in der Gesundheitsarchitektur berücksichtigt wird. Darüber hinaus gibt es viele individuelle Faktoren, die von Mensch zu Mensch verschieden sind. Um Konzepte zu entwickeln, ist es bedeutsam Menschen zu beobachten, wahrzunehmen und zwar als Personen möglichst vorurteilsfrei, die eigenen Wertvorstellungen und Modelle in unseren Gedanken beiseite schiebend. Wenn wir nach den Vorstellungen bauen, die wir von Menschen mit Demenz haben, dann erlegen wir ihnen auf, in einer Wohnumgebung zu leben, die unserem Bild entspricht, das wir von ihnen haben. Nicht einmal die Vorstellung, dass ich, wenn ich achtzig und vielleicht dement und also abhängig von anderen Menschen bin, in einem speziellen Heim für Menschen Demenz leben muss, das eingerichtet ist, wie in den achtziger Jahren meist Wohnungen eingerichtet waren, möchte ich auf mich wirken lassen. Ich weiß nicht, was ich für ein Mensch geworden bin, wenn ich dement bin und was ich dann mag oder nicht – aber selbst wenn ich mit achtzig nicht dement bin, kann ich nicht sagen, wie ich mit 80 sein werde und welches Wohnumfeld ich dann bevorzuge. Ich wünsche mir nur eines, dass man mich fragt, dass man mich soweit es möglich ist, in Entscheidungen einbezieht, falls ich vielleicht viele Dinge in diesem Alter aufgrund von Demenz allein nicht mehr kann. Es ist eine Form von Gewalt, wenn wir mit wertenden sozialen Interaktionen, mit dem Aufdrängen unserer Wertvorstellungen anderen Menschen begegnen, wenn wir ohne sie zu beobachten, uns mit ihnen auszutauschen, sie zu befragen architektonische oder anderweitige Konzepte entwickeln und dann als allgemeingültig allen anbieten. Konzepte, die basierend auf Studien, Beobachtungen und Erfahrungen entwickelt wurden, dienen der Orientierung, können für den einen das richtige Angebot, der richtige Rahmen sein, für den anderen muss es modifiziert werden und für einen dritten gilt etwas ganz anderes. Das gilt für Menschen mit Demenz ebenso wie für alle Menschen.

Wir wissen nicht wie es sein wird, wenn wir alt sind, die kognitiven Fähigkeiten nachlassen. Aber eines ist gewiss: Solange wir leben, werden wir uns über unsere Empfindungen und unser Erleben bewusst sein. Wir werden spüren, ob andere Menschen unser Erleben und unser Empfinden akzeptieren. Und darin unterscheiden wir uns nicht von unserem heutigen Zustand. Eine Architektur, die allgemeine menschliche Grundbedürfnisse erfüllt, uns Freiräume ermöglicht mit großzügigen Räumen, guten Lichtverhältnissen,

Möglichkeiten sich zu bewegen, in der Natur zu sein dürfte unsere Wohlbefinden deutlich erhöhen.

Abgesehen von einigen funktional nötigen Voraussetzungen in Pflegeheimen, zeigt die Praxis, dass das, was für Menschen mit Demenz gut ist, für alle Menschen gut ist. Im „Hotel des Vergessens" fühlten sich die Dozenten sehr wohl. Lediglich die Vorstellung, dass es sich um ein Pflegeheim handelte, bereitete Unbehagen. Uns geht es nicht nur deutlich besser, wenn die soziale Interaktion zwischen uns Menschen wertschätzend geschieht und jeder ausreichend Möglichkeiten bekommt sich zu äußern, vom Anderen verstanden wird, sondern auch wenn unsere Umgebung so beschaffen ist, dass wir uns wohlfühlen können. Wie anders würden unsere Städte aussehen, wenn wir die Bedürfnisse von verschiedensten Menschen, von Alten und Behinderten, von Kindern und Familien, von

Berufstätigen und Jugendlichen bei der Planung berücksichtigten. Vermutlich gebe es schon längst einen barrierefreien öffentlichen Raum, familienfreundliche Infrastrukturen. Wie würde sich das auf unser Zusammenleben auswirken, auf unser Wohlbefinden. Sicher ist es nicht möglich, es allen Menschen recht zu machen. Architektur unterliegt dem Zeitgeist und kulturellen Einflüssen. Dennoch gibt es Aspekte, die zeitlos sind, wie Lichtverhältnisse und Raumgröße, Anordnung und Ausrichtung von Räumen entsprechend den Lichtverhältnissen und der Funktionalität – behandelte man ökonomische Kriterien nachrangig.

7

„Gemeindrang eilt die Lücke zu verschließen" – soziale Intelligenz und der Reichtum der Zukunft

Kurz vor 14 Uhr. Erwartet wird noch die Stationsleiterin, alle anderen sind im Raum: die beiden Pflegekräfte, die für einen Bewohner eine bessere Situation erreichen wollen, der Arzt, der die Bewohner psychiatrisch betreut, und die für ethische Fallbesprechungen Verantwortliche. Die Stationsleiterin erscheint. Es geht um Herrn Berg. Er scheint sich nicht wohlzufühlen, erkennbar an seinem Verhalten. Er läuft unruhig umher, reagiert wütend, wenn er angesprochen wird, schiebt andere Bewohner beiseite, wird handgreiflich auch gegen das Personal. Die Frage lautet: Was können wir tun, damit er ruhiger wird, nicht mehr das Personal und andere Bewohner angreift, und zwar möglichst ohne Medikamente einzusetzen und wenn Medikamente notwendig sind, dann nur vorüber-gehend und begleitet von Beobachtungen, wie sich sein Verhalten verändert. Jemand fragt, wann Herr Berg ein anderes Verhalten zeigt, ruhiger ist? „Wenn seine Frau und sein Sohn zu Besuch sind, dann ist er ruhig. Die beiden erzählen ihm von zuhause, er beteiligt sich am Gespräch, trinkt mit ihnen Kaffee." „Wie ist er dann?", fragt die Fachkraft für Ethik nach. „Es scheint er ruhe in sich, er fühle sich geborgen", sagt eine Pflegerin. „Dann fühlt er sich vermutlich in der Nähe von Menschen, die ihm vertraut sind, die ihm nahe stehen, sicher", sagt die Ethikfachkraft. „Allerdings ist es keine Lösung, dass seine Frau und sein Sohn bei uns wohnen. Welche Situationen gibt es noch, in denen er sich anders verhält." „Oh, die Rosa hat ihn kürzlich eingeladen seinen Blutdruck selbst zu messen", sagt eine der Pflegerinnen. Er ist gern mitgekommen. Und dann wollte er ihren Blutdruck messen und sie hat es ihm erlaubt. Er hat gelacht und mit der Rosa geflirtet. Sie gefällt ihm wohl. Sie ist jung und attraktiv. Und es gefällt ihm wohl mit technischen Gerät zu hantieren." „Da fällt mir ein, er war Ingenieur. Vielleicht braucht er eine Aufgabe." „Ja, und mir scheint, er erlebt Männer als Rivalen. Ging es nicht bei der letzten Handgreiflichkeit um die Aufmerksamkeit von

Rosa?" „Das kann sein." „Dann gibt es mehrere Möglichkeiten: Wir sprechen mit dem Hausmeister, dass er Herrn Berg vielleicht kleinere Aufgaben gibt. Zum Beispiel draußen in der Holzhütte ein paar Nägel einschlagen. Vielleicht gibt es kleinere Aufgaben auf Station und vielleicht sollte er in einer anderen Station wohnen, einer in der es weniger Männer gibt, die er als Rivalen erleben könnte. Und was bekommt er derzeit für Medikamente?"

Die fünf Personen am Tisch besprechen alle Möglichkeiten, überlegen, was sie zuerst ausprobieren, wer Herrn Bergs Verhalten weiter beobachtet und welche weiteren Optionen noch hilfreich wären, damit er sich sicherer fühlt, besser verstanden und dann vielleicht beruhigt. Sein Verhalten wird nicht bewertet, sondern beschrieben und es wird nach Situationen gefragt, in denen er sich anders verhält und nach den Bedingungen, in denen es möglich ist. Es wird ein Kontext für ihn geschaffen, in dem es für ihn, die anderen Bewohnern und das Personal besser wird. Es nehmen sich Menschen verschiedener

Professionen Zeit, um Bedingungen zu schaffen, die das Wohlbefinden des Bewohners erhöhen.

Wir haben die Fähigkeit, wenn es um die Bewältigung einer Herausforderung geht, aus verschiedenen Perspektiven uns auf die Suche nach einer Lösung zu begeben. Ein jeder von uns nimmt die Ereignisse etwas anders wahr, erlebt und bewertet sie anders. Das liegt daran, dass jeder von uns ein Individuum ist und als solches andere Erfahrungen, einen anderen Bildungshintergrund hat und aus anderen Beziehungskontexten kommt, die ihn geprägt haben, vielleicht auch aus jeweils verschiedenen Kulturen. Insofern hat jeder eine andere Art auf Menschen wie Herrn Berg zuzugehen, was wiederum bewirkt, dass Herr Berg sich unterschiedlich zeigt, unterschiedlich in der Begegnung interagiert. In einer ethischen Fallbesprechung, in der es um die bestmögliche Lösung für eine schwierige Situation im Sinne des Betroffenen geht, werden die aus der

Perspektive der jeweiligen Fachkraft gewonnen Erfahrungen, Beobachtungen, Erlebnisse zusammengetragen und gemeinsam versucht Lösungen für die als konflikthaft erlebte Situation mit dem Bewohner zu entwickeln.

Ein solches Vorgehen setzt voraus, dass sich jeder Teilnehmer bewusst ist, dass es nicht darum geht, das Verhalten desjenigen zu bewerten oder zu verurteilen und ihn damit wie einen Gegenstand zu behandeln, sondern das, was Herrn Berg guttut oder in anderen Fällen den mutmaßlichen Willen des Betroffenen zu erkunden. Wenn wir sagen Herr Berg ist so und so und wir müssen ihm mittels erzieherischer Maßnahmen beibringen so und so zu sein oder uns und die anderen vor ihm schützen, dann behandeln wir Herrn Berg wie einen Gegenstand, der festgelegte un-veränderliche Eigenschaften hat. Wir lassen unberücksichtigt, dass Herr Berg ein Mensch ist, eine Person, dessen Erleben und Verhalten wiederum geprägt ist von seinen spezifischen Erfahrungen in Interaktionen, in der Begegnung mit anderen Menschen. Menschen sind lebende hochkomplexe Systeme, die mit ihrer Umwelt, zu der andere Menschen gehören, in Beziehung stehen und inter-agieren. Eine Wechselwirkung die von verschiedener Intensität und Qualität ist und sich auf weitere Menschen mit denen eine Beziehung besteht wirken.

Hier taucht wieder der Aspekt des Fließens auf, der in jeder Interaktion enthalten ist und in Sonnweid für einen Besucher aussieht, als tanzten die Menschen achtsam, behutsam, zuweilen sehr langsam, zuweilen beschwingt oder kraftvoll als führten sie einen Disput miteinander. Sind wir uns bewusst, dass wir aus verschiedenen Perspektiven eine Situation beschreiben können und Interaktion eine fließende Bewegung ist, die Beziehungen unter Menschen verändern kann, unsere eigenen

Blickwinkel zu öffnen, dann verfügen wir über ein immenses Potenzial. Es ist die Voraussetzung dafür, gemeinsam komplexe Herausforderungen zu meistern. Aus einer Haltung des Respekts für den Anderen, für sein persönliches Erleben, sein Wertesystem, seine Empfindungen und einem achtsamen aktiven Zuhören können wir Menschen empathischer begegnen, gemeinsam Verbundenheit herstellen und Lösungen finden, die für alle Beteiligten besser sind.

Jeder Mensch ist ein komplexes System und um die Verbindung, das Verständnis, den Austausch mit Menschen mit Demenz aufrechtzuerhalten und sie am mitmenschlichen Austausch teilhaben zu lassen, bedarf es des Zusammenspiels von Menschen verschiedenster Professionen. Zu welchen humanen Leistungen wir in unserer Gesellschaft fähig sind, zeigen allein die vielen ethischen Fallbesprechungen die in Einrichtungen wie Sonnweid und in vielen anderen Häusern, ob Pflegeheime oder Kliniken unter Einbeziehung der Kompetenzen, Erfahrungen, Sichtweisen der verschiedensten Menschen statt-finden, um im Sinne des mutmaßlichem Willen Lösungen zu finden.

In unserer Weltgesellschaft gilt es viele Probleme und Herausforderungen zu lösen, bei denen es um die Existenz unserer Menschheit geht. Kriege, Flüchtlingsströme, Wirtschafts-krisen, Finanzkrisen, politische Konflikte, Klimawandel, biologische Grenzen an die Menschen geraten durch Überforderung, Krankheiten, Radikalisierungen – es handelt sich immer um komplexe Systeme, die in sich verbunden sind und in mannigfaltigen Beziehungen stehen. Wir erleben in unserer Zeit, dass die meisten Systeme wie die Finanzsysteme, die Wirtschaftssysteme, die politischen Systeme, aber auch der Mensch als bio-logisches System – zu denken ist nur an

Burn-out und Depressions-Phänomene, an seine oder ihre Grenzen kommen und nicht mehr wie bisher funktionieren. Es bedarf einer Umstrukturierung und neu Ausrichtung dieser Systeme. Wir Menschen haben diese Systeme geschaffen mit unseren Wert- und Zielvorstellungen und wir Menschen müssen sie, wollen wir überleben und nicht im Krieg und Chaos versinken oder Lebensbedingungen auf diesen Planeten vorfinden, mit denen Leben nicht mehr oder nur noch sehr eingeschränkt möglich ist, verändern. Es bedarf der Weisheit der Vielen, nicht anders wie im Falle von Herrn Berg, um gemeinsame Lösungen zu finden.

Doch was ist die Basis, der gemeinsame Nenner, um die Weisheit der Vielen in einem Sinne zu nutzen, dass sich für alle etwas verbessert? Ist es wie ich es in Sonnweid erleben konnte, eine Haltung des Respekts und der Wertschätzung dem anderen Gegenüber, ein achtsames Zuhören sowohl des Gesagten als auch seines subjektiv erlebten Empfindens, also all der vielschichtigen Interaktionen, ist es das Wissen, dass wir verschiedene Möglichkeiten haben die Welt und uns selbst zu betrachten, als Gegenstände oder Objekte, als Systeme, die miteinander in Beziehung stehen, die verbunden sind. Ist es das Wissen um die Qualität von Verbundenheit, die uns Menschen untereinander begegnen und verstehen lässt, die fernab von egomanischen Interessen sich vollzieht? Ist es das Wissen darum, dass Leben heißt, verbunden zu sein und mit jedem Atemzug ein jeder in einer verschiedenen Qualität und auf einer verschiedenen Seinsstufe verbunden ist? Wir haben Bewusstsein. Wir können uns für all die Möglichkeiten und Phänomene öffnen, vorausgesetzt, wir haben ein Bewusstsein für die Vielfalt für die verschiedenen Perspektiven, die ein jeder hat und die verschiedenen Betrachtungsweisen von uns selbst und von Welt und den vielen Möglichkeiten von

Interaktion, von Wechselbeziehung gewonnen und wir sind offen dafür, von anderen zu lernen und unsere Erfahrungen zu erweitern.

Wir sind verantwortlich dafür, welche Wahl wir unter all den Möglichkeiten treffen. Wohin ein achtsamer Umgang führt, können wir bei Menschen mit Demenz und bei vielen anderen Menschen, die abhängig von uns sind, erfahren. Ein achtsamer Umgang macht Lösungen möglich, lässt uns wachsen, entfalten und führt zu Wohlbefinden.

Antonio Damasio geht davon aus, das Wohlbefinden ein grundsätzliches Lebensprinzip ist. Er argumentiert: „Damit Zellen am Leben bleiben sind gute Haushaltsführung, gute äußere Beziehungen erforderlich. Sie sind Voraussetzungen um die Probleme, die sich im Leben stellen zu managen. Leben erfordert, dass alle Prozesse, die in einer Zelle, einem Organismus ablaufen, wie das Finden von

Energiequellen, die Aufnahme von Energie und deren Umsatz, in einem inneren Milieu ablaufen, die mit dem Leben vereinbar sind." (2011: 54) Homöostase nennt Damasio diesen Bereich, in dem ein Gleichgewichtszustand vorzufinden ist. Noch bevor Bewusstsein entstand, habe es Regelmechanismen gegeben, die für den Gleichgewichtszustand sorgten. Im Laufe der Evolution bildete sich ein Gehirn heraus, das die Fähigkeit der bewussten Wahrnehmung erzeugt. „Wir [Menschen] brauchen unsere Blutwerte nicht, um den optimalen Abschnitt des Homöostasebereichs herauszufinden. Die Diagnose erfordert keine besonderen Fachkenntnisse, sondern nur den grundlegenden Vorgang des Bewusstseins: Optimale Bereiche finden ihren Ausdruck im bewussten Geist als angenehme Gefühle; gefährliche Bereiche äußern sich als weniger angenehme oder sogar schmerzhafte Gefühle." (2011: 67)

Wohlbefinden ist ein Kennzeichen dafür, dass sich unser komplexer Organismus im Gleichgewicht befindet. Was für das Individuum zutrifft trifft ebenfalls für die Interaktion von zwei Individuen zu und für so komplexe Interaktionssysteme wie Gesellschaften. Zu Wohlbefinden führt vor allem das Erleben von Verbundenheit mit anderen Menschen. Es, gibt viele Systeme in der Gesellschaft, die für Verbundenheit stehen, denken wir nur an die Musik, die Poesie, die Kunst. Können wir nicht auch politische Systeme so gestalten, dass sie Menschen verbinden, statt sie zu trennen. Es gibt viele Kommunikationsansätze, die politisches Handeln konstruktiv gestalten können, wie beispielsweise der Prozess der gewaltfreien Kommunikation oder die menschliche Grundhaltung aus der politisches Handeln generiert wird. Denken wir nur an Politiker wie Willy Brandt, Hans Dietrich Genscher, an Nelson Mandela, Martin Luther King und

Mahatma Gandhi. Was haben sie getan, aus welcher Haltung heraus, um festgefahrenen, gewalttätigen Beziehungen neue Impulse, neue Informationen zu geben. Wir alle verfügen über mannigfaltige Fähigkeiten und wir verfügen über Bewusstsein. Wir haben eine Verantwortung dafür uns dessen bewusst zu sein. „Das Bewusstsein versetzt die Menschen in die Lage, das Leitmotiv der Lebensregulation mittels einer ganzen Sammlung kultureller Instrumente zu wiederholen – wirtschaftlicher Austausch, religiöse Überzeugungen, gesellschaftliche Konventionen und ethische Regeln, Gesetze, Kunst, Wissenschaft und Technologie." (2011: 71)

Verbindung zwischen Menschen ist die Basis fürs Überleben, fürs Wohlbefinden. Unsere gesamte Natur, die menschliche einge- schlossen, ist aufs Weiterleben ausgerichtet und auf Wachstum und Entwicklung. Ein Kennzeichen und eine Voraussetzung fürs

Weiterleben ist die Verbundenheit. Für uns Menschen besteht die Möglichkeit aufgrund unseres Bewusstseins, die Arten der Verbundenheit zu erkennen, bewusst wahrzunehmen und bewusst in unser Leben einzubeziehen. Wenn wir die Verbundenheit als Basis für Gruppenintelligenz nutzen und sich die Menschen auf der Basis – alles, was dem Leben dient – einsetzen, dann werden wir die Herausforderungen unserer Zeit meistern können, so wie einst Goethe seinen Protagonisten in einer Vision ausrufen ließ: „Im Innern hier ein paradiesisch Land, da rase draußen Flut bis auf zum Rand, und wie sie nascht gewaltsam einzuschießen, Gemeindrang eilt die Lücke zu verschließen. Ja diesem Sinne bin ich ganz ergeben, das ist der Weisheit letzter Schluss: Nur der verdient sich Freiheit wie das Leben, der täglich sie erobern muss."

Machtstreben und Gier befinden sich auf der Ebene der Egozentrik, einer Ebene des einzelnen Individuums. Die Mechanismen der Verbundenheit geschehen auf einer Ebene, die menschliche Bedürfnisse berührt, die mit den Prädikaten Wohlbefinden, Heilung, Wachstum, Entwicklung verbunden sind. Macht ist oft notwendig in einem das Leben beschützenden Sinne, sagt Marshall B. Rosenberg. Es gilt sorgfältig zu prüfen, ob keine andere Handlungsoption mehr greift.

Vielleicht hängt von der bewussten Nutzung der Weisheit der Vielen unser aller Überleben ab. Jegliche Organisation, sei es ein Verein, ein Unternehmen, eine Familie basiert auf dem Einsatz der sozialen, emotionalen, kognitiven Intelligenz, der Erfahrungen, der Lebensweisheit von vielen Menschen. Das System Unternehmen, Familie, Verein, Staat nutzt kollektive Intelligenz, kollektive Potenziale, die Weisheit der Vielen, ohne sich dessen bewusst zu sein. Ob ein System erfolgreich arbeitet oder intelligenter ist als der Einzelne oder ein anderes, hängt nicht allein von dem Fachwissen oder fachspezifischen Fertigkeiten der einzelnen Mitglieder ab, sondern von der Art und Weise der Selbstorganisation, dem Informationsfluss und von der Art und Weise der sozialen Interaktion sowie mit welcher Haltung sich Menschen begegnen. Ob sie im Ich-Es-Modus einander gegenübertreten oder aus einer tiefen Verbundenheit und Respekt vor dem anderen miteinander agieren. In der Tierwelt gilt der Ameisenstaat als Modell für Schwarmintelligenz. Das Ameisenkollektiv ist in der Lage einen hochkomplexen funktionierenden Staat aufgrund eines intelligenten Kommunikationssystems aufzubauen, der Leistungen hervorbringt, zu denen eine einzelne Ameise nicht in der Lage ist. Eine Ameise verfügt über relativ einfache Sinnesrezeptoren. Allerdings reagieren sie flexibel auf Außenreize und verfügen über Lernprogramme, sodass der Ameisenstaat im kollektiven Zusammenwirken komplexe

Aufgaben bewältigt. Und: Die Selbstorganisation der Ameisen ist aufs Überleben ausgerichtet.

Auch ein Mensch kann allein nicht überleben. Wenn es um die Lösung komplexer Herausforderungen geht, bedarf es des Zusammenwirkens vieler Menschen, die über verschiedene Fähigkeiten verfügen. Eine zentrale Komponente ist das Maß an sozialer Kompetenz. Denn nur, wenn das Individuum in der Lage ist, mit anderen Zusammenarbeiten, seine eigenen Fähigkeiten und die des anderen anzuerkennen und wertzuschätzen, kann eine komplexe Herausforderung, zum Beispiel die Lösung der Versorgung alter Menschen und Menschen mit Demenz, die Probleme des aus dem Gleichgewicht geratenen Weltklimas, Flüchtlingsunterbringung und deren Versorgung gemeistert werden. Soweit ist die Menschheit noch nicht. Wir agieren zum großen Teil im Egomodus und die Ansätze aus einer tiefen Verbundenheit mit anderen Menschen, den Quellen unseres Lebens zu agieren, flackern zuweilen allzu schwach. Seit Jahrtausenden leben uns Menschen den Modus der Verbundenheit, der Liebe vor. Wir bewundern sie. Sie sind für ihre Haltung und das, was sie erreichten bis heute präsent und doch ist der Aspekt der Verbundenheit als universelle Kraftquelle des Lebens nicht ausreichend in unserem Bewusstsein und Handeln angekommen. Wir befinden uns am Anfang eines Zeitalters, an dem immer mehr Menschen das Bewusstsein dafür bekommen, in dem sich selbst die Wissenschaft in verschiedensten Disziplinen mit Interaktion und Begegnung beschäftigt.

8

Konsequenzen: Die Würde des Menschen ist tastbar

Es ist Sonntag. Die Hitze hält an. Bereits am Vormittag 27 Grad. Die 84-jährige Frau Illis wollte heute nicht wie gewohnt um neun Uhr aufstehen, sondern noch etwas länger liegen bleiben. „Vielleicht mag sie jetzt aufstehen", sagt Pflegerin Franziska. Sie klopft an das Zimmer von Frau Illis, wartet auf eine Antwort und tritt ein. „Frau Illis möchten Sie vielleicht jetzt aufstehen und ein Frühstück zu sich nehmen?", fragt Franziska. Sie hat eine Hand leicht auf den Arm von Frau Illis gelegt und ihre gesamte Präsenz und Aufmerksamkeit auf die 84-Jährige gerichtet. Frau Illis stimmt zu: ‚Ja, jetzt sei es Zeit aufzustehen.' Flora fährt das Bett von Frau Illis behutsam etwas höher und sagt kurz bevor sie den Schalter bedient: „Frau Illis, ich fahre jetzt ihr Bett ein bisschen höher. Ist das gut so für Sie?" Frau Illis spürt dem Fahren des Bettes nach und sagt: „Ja. Das ist gut." „Ich nehme jetzt Ihre

Hand und mache sie etwas nass. Ist das gut so?" Die Hände von Frau Illis liegen in Franziskas Hand, sie hat sie behutsam genommen und fährt nun langsam mit einem Waschlappen darüber. Die Hände der alten Frau sind angespannt, ihr Gesicht ebenfalls. Franziska fragt nach, ob ihr etwas weh tue an der Hand, der Finger vielleicht. Sie berührt ihn sanft. Frau Illis sagt, dass es nur der Finger sei. „Dann mache ich jetzt ein Handbad für Sie, weil ich glaube, dass das ihrem Finger gut tut und er sich dadurch öffnen lässt." Frau Illis liegt still. Franziska sagt, welchen Finger sie gerade wäscht. Bei dem Zeigefinger verzieht Frau Illis das Gesicht. „Ja, der ist es", sagt sie. Die anderen sind in Ordnung. Später läuft Frau Illis begleitet von einem Pfleger zum Stübli, einem Raum mit einem großen Tisch in der Mitte und ringsherum verschiedenen Sesseln, Sofas und Regalen. Über dem Esstisch scheint wie in einem Atelier Tageslicht durch die großflächigen patinierten Glasquadrate zu scheinen. Es ist zirkadenes Licht, das die Zusammensetzung von Tageslicht hat und sich der jeweiligen Tageszeit anpasst. Im Stübli, wird Frau Illis eingeladen am Tisch Platz zu nehmen. „Frau Illis, möchten Sie Ihren

Kaffee serviert haben", fragt eine andere Pflegerin. Frau Illis ist fein gekleidet, trägt eine Perlenkette, sie lächelt und sagt „Ja".

Frau Illis erfährt beim morgendlichen Waschen durch gezielte Berührungen und Benennung der Berührungen ihren Körper bewusst: ihre Finger, jeden einzelnen, ihre Arme, Beine. In der Fachsprache heißt diese Art der Pflege *basale Stimulation.* Die Berührung erfolgt nur mit Zustimmung von Frau Illis. Frau Illis erfährt eine ihrer Person würdige Behandlung, könnte man sagen oder ihre Würde als Mensch und ihrer Person gegenüber wird gewahrt. Sie wird gefragt. Ihr werden Berührungen angeboten, die sie bewusst ihren Körper erleben lassen und so die entsprechenden neuronalen Netzwerke im Gehirn aktivieren. Sie fühlt sich sichtlich wohl. Ihre anfängliche Unsicherheit und ihre Angst, die Berührung könnte sie schmerzen, sind verschwunden. Was heißt es, würdig behandelt zu werden? Darüber was

Würde ist, gibt es eine jahrtausendewährende Auseinandersetzung unter Philosophen, Theologen, Politikern, Juristen, Ethikern der verschiedensten Fachbereiche. Würde als Wort ist ein abstrakter Begriff. Wie er definiert wurde hing ab vom Menschenbild, das in der jeweiligen Zeit vorherrschte. Dem Menschen gaben die Philosophen eine besondere Stellung aufgrund seiner geistigen Fähigkeiten. Der römische Kaiser und Philosoph Marc Aurel (112 bis 180) und der römische Philosoph Cicero (106 v.Chr. bis 43 v. Chr.) leiteten aus den Wesensmerkmalen des Menschen den Respekt für die Unverletzlichkeit des Nächsten ab. Seneca (1 bis 65 n.Chr.) begründet mit den geistigen Fähigkeiten des Menschen die Würde als höchstes Gut. „Einzig Gut ist die sittliche Vollkommenheit, keines jedenfalls besteht ohne sittliche Vollkommenheit, und eben die sittliche Vollkommenheit hat in unseren besseren Teil, dass heißt den vernunft-begabten, ihren Sitz. [...] körperliche Vorzüge jedoch sind gewiss für den Körper gut, doch insgesamt sind sie keine Güter. Ihnen kommt wohl ein gewisser Wert zu im Übrigen wird ihnen Würde nicht eigen." (Düwell/Hübenthal/ Werner, 2006:41) Der Theologe Augustinus (354 bis 430) sieht die Würde in der Geistnatur des Menschen begründet. „Jeder Geist überragt jedweden Körper, das steht ja außer Zweifel. Hieraus ergibt sich, dass die geistige Natur im Rang höher steht als der sichtbare Himmel, und das nicht durch ihre räumliche Stellung, sondern durch ihre wesentliche Würde." (2006:42) Im Mittelalter wird die Würde des Menschen durch seine Vernunftnatur und die Gottesebenbildlichkeit sowie die gesellschaftliche Stellung des jeweiligen Menschen erklärt.

In der Renaissance wandelt sich mit dem gesellschaftlichen Wandel der Würdebegriff. Bahnbrechend dafür steht die Schrift von Pico della Mirandola (1463 bis 1494) „Oratio de dignitate hominis". Der Mensch mit seinem Verstand und die Unsterblichkeit der Seele begründen die Würde eines Menschen. „Du sollst deine Natur ohne Beschränkung nach deinem Ermessen [...] selbst bestimmen." Kant (1724 bis 1804) baute auf diese Idee auf. Für Kant ist Sittlichkeit die Fähigkeit des Menschen, seine Handlungen von subjektiven Motiven und Triebfedern zu befreien. Menschen haben also aufgrund ihrer Vernunft die Fähigkeit sich selbst Gesetze zu geben und diese Fähigkeit begründet nach Kant die Würde des Menschen. Woraus Würde aber besteht, bleibt bei Kant offen. Hegel (1770 bis 1831) kritisiert Kants Würdebegriff. Nach Hegel ist Würde nichts, was immer schon dem Menschen innewohnt. Würde wird erworben. Sie ist Resultat eines Lebens in Verhältnissen, die dem Menschen erlauben menschenwürdig zu leben. Für den Soziologen Niklas Luhmann (1927 bis 1998) bedeutet Menschenwürde, ob es gelingt, dass Menschen sich in ihren individuellen

Möglichkeiten, ihrer Persönlichkeit darstellen können. Menschenwürde ist an die Bedingung „des Gelingens der Selbstdarstellung eines Menschen als individuelle Persönlichkeit" geknüpft. (2006:255)

Bei all den Versuchen den Begriff Würde zu bestimmen, geht es darum Würde als allgemeingültiges Prinzip zu etablieren. Allerdings die Frage, wie dieses Prinzip begründet werden kann – ob religiös, politisch, moralisch, auf die Natur des Menschen bezugnehmend und welchen Geltungsbereich es hat und wie es sich zu anderen Werteprinzipien, wie Leben, Gerechtigkeit, Sicherheit, Wohlstand verhält, ist offen.

Offensichtlich kann das Prinzip der Würde, als für alle Menschen gültiges Werteprinzip, theoretisch nicht ausreichend begründet werden, sodass es als solches für jeden

Menschen unabhängig von Kontextfaktoren wie kulturellen Gegebenheiten gelten könnte.

In der Lebenspraxis beim Umgang mit Menschen in existenziellen Lebenssituationen können wir jenseits von philosophischen Begründungsarchitekturen und abstrakten Begriffen erfahren, wie wichtig der Aspekt der sozialen Interaktion ist, wenn es darum geht, das, was wir mit dem gesunden Menschenverstand als Würde des Menschen bezeichnen würden, zu bewahren. Menschen, die sich in ähnlichen Situationen wie Frau Illis befinden oder Menschen, die aufgrund schwerer Erkrankungen wie Multipler Sklerose sehr eingeschränkt in ihrer Lebensgestaltung sind, sind abhängig davon, ob wir ihre Bedürfnisse erkennen und umsetzen. Angenommen mit Frau Illis würde nach einem festgelegten Pflegestandard verfahren. Sie würde wie jeden Tag neun Uhr – auch wenn sie es an diesem Tag länger liegen bleiben möchte - gewaschen, versorgt, wie es der Pflegeplan vorschreibt. Vielleicht würde Frau Illis Pflegehandlungen abwehren, vielleicht teilnahmslos über sich ergehen lassen, vielleicht würde die Pflegefachfrau, der Pflegefachmann mit Frau Illis reden und ihr erklären, warum es wichtig ist, dass sie nun gewaschen und versorgt wird und aufstehen muss. Vielleicht ließe sich Frau Illis überzeugen, vielleicht gibt sie auf, lässt die Pflegeprozedur über sich ergehen, jammert, stöhnt auf, wenn die Gelenke schmerzen. Vielleicht schreit sie öfter als nötig auf, weil sie im Aufschreien ihren Unwillen zum Ausdruck bringen kann. Im Pflegeprotokoll würden die Schmerzen vermerkt, vielleicht Medikamente verabreicht. Auch diese Situation ließe sich als menschenwürdig bezeichnen. Frau Illis wird versorgt, gepflegt, betreut. Die Differenz bezieht sich auf die Art der sozialen Interaktion, deren Qualität unterschiedlich ist.

Die meisten von uns würden wohl die am Anfang geschilderte Situation für die würdevollere halten. In der Situation geschieht am ehesten das, was wohl Luhmann damit gemeint hat, wenn er schreibt Menschenwürde sei an die Bedingung des Gelingens „der Selbstdarstellung eines Menschen als individuelle Persönlichkeit" geknüpft.

Was muss in der Interaktion geschehen? Was sind die Bedingungen, die eine Selbstdarstellung eines Menschen als individuelle Persönlichkeit ermöglichen. Mit Selbstdarstellung ist hier nicht gemeint, dass ein Mensch eine Bühne bekommt auf der er ungebremst in egomanischer Art und Weise ohne, dass er daran interessiert ist, ob andere es hören wollen oder nicht, sich selbst darstellt. Den Rahmen bildet die Interaktion. Das, was zwischen Menschen geschieht. Wie kann das Aussehen? Im Umgang mit Frau Illis ist zu erkennen, dass die Pflegerin die Bedürfnisse von Frau Illis wahrnimmt, sie respektiert und in einem zweiten Schritt in steter Absprache mit Frau Illis Handlungen ausführt über die sie Frau Illis befragt und sich ein Feedback geben lässt. Es handelt sich hier um eine abhängige Beziehung. Die Interaktion in einer nichtabhängigen Beziehung aus der gleichen Grundhaltung heraus – sich gegenseitig wahrnehmen, die Bedürfnisse respektieren und dann sich über verschiedene Sichtweisen und Aspekte austauschen - würde sich ähnlich vollziehen, nur dass auch der Andere in der Lage ist die Situation zu gestalten.

Als individuelle Persönlichkeit wahrgenommen zu werden und sich als solche darstellen zu dürfen, ohne dass wir von einer anderen Person abgewertet, ignoriert oder infrage gestellt werden, ist eine Erfahrung, die die meisten Menschen – wenn auch nicht oft - erlebt haben. Wenn wir es erlebt haben, dann wissen wir, wie gut es tut, ernst genommen zu werden, anerkannt zu werden. Eine solche Atmosphäre ist angstfrei, stattdessen wertschätzend. Auf dieser Basis sind kritische Auseinandersetzung und Perspektivenwechsel in einem meist konstruktiven Sinne möglich.

Eine Erfahrung, die keineswegs selbstverständlich ist, denn in Kontexten der Arbeitswelt, aber auch im familiären Bereich erfüllen die meisten von uns eine erwartete Rolle oder ein erwartetes Bild. Uns in jeder Situation in jedem Kontext so zu geben, wie wir uns geben wollen, das gelingt nur wenigen Menschen. Wir passen uns in vielen Situationen und Kontexten Rollenerwartungen an, weil wir nicht aus der sozialen Gruppe ausgegrenzt, beurteilt, verurteilt werden wollen. In der Gruppe gelten vielleicht andere Vorstellungen, die mit unserer persönlichen Sichtweise auf ein Thema, ein Projekt, eine politische Situation differieren. Und in der Gruppe werden andere Meinungen und

Sichtweisen negativ bewertet und nicht nur die Meinung, sondern die gesamte Person. Je nach Anpassungsleistung, die wir gegenüber einer sozialen Gruppe leisten und je nachdem wie wichtig die soziale Gruppe für uns ist, leiden wir, weil sich unser Leben nicht richtig anfühlt. Wir streben danach, authentisch leben zu können. Leichter ist das, wenn wir von anderen Menschen Raum dafür erhalten (und anderen Menschen Raum geben), Akzeptanz und Verständnis für unser Sosein bekommen, und zwar ehrliche gemeinte und echte Akzeptanz.

Es ist für viele Menschen ein großes Lebensziel oder eine große Lebenssehnsucht der oder die zu sein, die man ist. So gilt bis in unsere Tage der Satz: „Werde, der du bist" als grundsätzliche Orientierung. Er wird dem griechischen Dichter Pindar, der von etwa 522 v.Chr. bis 446 v. Chr. Lebte, zugeordnet. Nietzsche verwendete diesen Satz in modifizierter Form in seiner autobiografischen

Schrift „Ecce Homo. Wie man wird, was man ist".

Mit der Würde und dem würdevollen Umgang sowohl mit sich selbst als mit dem Anderen ist es in der Praxis nicht so einfach wie es scheint und wie es im Paragraph 1 des Deutschen Grundgesetzes festgehalten ist: „Die Würde des Menschen ist unantastbar." Was heißt das? Wenn die Würde ein Wesensmerkmal des Menschen ist, wie die Haarfarbe, seine Körpergröße, dann kann die Würde in der Tat nicht angetastet werden. Wenn Franziska mit Frau Illis anders umgegangen wäre, hätte sich durchaus ihre Würde verletzen können, so können wir in der Lebenspraxis erfahren. Wenn die Würde nicht angetastet werden kann, weil sie ein Wesensmerkmal ist, dann müsste der Paragraph auch nicht im Grundgesetz stehen, so die philosophische Diskussion. Offensichtlich kann die Menschenwürde verletzt werden. Im Artikel 1 Absatz 1 des

Grundgesetzes wird näher definiert, was unter Verletzung der Menschenwürde zu verstehen ist: „... dass er durch den Staat oder seine Mitbürger als bloßes Objekt, das unter vollständiger Verfügung eines anderen Menschen steht, als Nummer eines Kollektivs, als Rädchen im Räderwerk behandelt und dass ihm damit jede eigene geistig- moralische oder gar physische Existenz genommen wird." Der Mensch darf nicht zum Instrument, zum Objekt gemacht werden. Die sogenannte Objektformel des Grundgesetzes knüpft an Immanuel Kant an, an seinen Imperativ, der es untersagt, dass ein Mensch zum Instrument eines anderen gemacht darf.

Würde ist also etwas, dass sich täglich zwischen den Menschen, und zwar darin wie sie miteinander umgehen, äußert. In Bereichen, in denen abhängige Beziehungen bestehen, wie in Pflegeheimen, bei der Versorgung und Begleitung von Menschen mit Demenz, sind

Selbstbestimmung im Sinne der Möglichkeit seine Individualität als Person auszudrücken im Heimgesetz verankert. Der Weg, wie die Gesetze, ausgegangen vom Grundgesetz im gesellschaftlichen Alltag, im täglichen menschlichen Miteinander gelebt werden, darüber gibt es keine Empfehlungen. Wir haben uns im Grundgesetz die Verpflichtung gegeben, in der Praxis ein würdiges Handeln zu implementieren. Dies setzt voraus, dass wir Menschen nicht als Objekte betrachten, sondern als individuelle Subjekte, wie die Pflegerin Frau Illis. Wir entfalten uns durch Interaktion, wir erfahren Würde durch Interaktion. Was bedeutet das für unser Menschenbild?

9

Habe den Mut, dich all deiner Fähigkeiten zu bedienen: Neue Aspekte für unser Bild vom Menschen

Ein milder Apriltag. Pastellfarbene Wolken hängen über den Feldern: Bäume an denen erstes frisches Grün sprießt, rosafarbene und weiße Blüten. In der Ferne schimmert der Bodensee. Ich treffe mich mit der Heimleiterin einer Pflegeeinrichtung. Sie nimmt sich einen Nachmittag Zeit, um mir zu erklären wie jeder Bewohner ist. Sie wolle mich vorwarnen, bevor ich mit den Bewohnern selber sprechen kann. Frau L. habe ein sehr einnehmendes Wesen und lüge gelegentlich, um das Personal auszuspielen. Ich solle ihre Geschichten mit Vorsicht genießen. Frau G. sei das, was man eine arme Wursthaut nennt. Man dürfe ihr auf keinen Fall Süßigkeiten geben. Sie würde dann nicht aufhören welche zu verlangen. Süßigkeiten veränderten innerhalb weniger Tage ihre Werte und sie müsse in eine Klinik. Die Heimleiterin gab mir so viele Hinweise, zu denen ich kein passendes Gesicht hatte. Ich konnte sie mir nicht merken und versuchte die Menschen in der Begegnung selbst kennenzulernen. Frau G., die mir als arme Wursthaut vorgestellt wurde, strahlte, als ich den Raum betrat und winkte und rief „Hallo". Wenn man ihr antwortete und sie persönlich begrüßte, freute sie sich, erfuhr ich später. Wenn sie den Kuchen ihrer Tischnachbarin essen wollte und ich ihr erklärte, dass sie nicht so viel Süßes essen dürfe und ich verstehen kann, dass das sehr schwer ist und ihr stattdessen etwas anderes anbot – eine Spazierfahrt im Park, ein Spiel, mit ihr eine Zeitung durchblätterte – ließ sie gedanklich von dem Wunsch nach Süßem ab. Und so lernte ich die Menschen in der Begegnung kennen. Ich erlebte zuweilen auch wütende Reaktionen oder verschlossene Haltungen mir gegenüber. Ich versuchte zu erfassen, was dahinter sich verbergen könnte, welche Bedürfnisse, die nicht artikuliert waren, sprach sie an und fragte nach, ob meine Vermutung dem entsprach, was sie empfanden. Nicht immer leicht. Die Begegnungen waren dynamisch und erforderten immer wieder, dass ich mich auf den Bewohner einließ, versuchte ihn in seiner Person und seiner Situation zu erfassen, ganz so wie ich es in Sonnweid erfahren hatte. „Jeder Mensch ist eine individuelle Persönlichkeit und möchte auch als solche behandelt werden. Egal, ob er Demenz hat oder nicht", sagte Michael Schmieder dort bei jeder Gelegenheit unter anderem bei einer Führung mit Doktorandinnen und Doktoranden, an der ich teilnahm.

Frau G. ist vereinnahmend. Herr K. ist aggressiv. Gibt es Zeiten am Tag, an denen Herr K. sich weniger aggressiv verhält oder gar nicht? Gibt es Zeiten, in denen sich Frau G. weniger vereinnahmend verhält oder man das an ihr gar nicht bemerken kann. Würde der Bruder von Herrn K., der ihn täglich besuchen kommt, ihn auch als aggressiv beschreiben. Wenn nicht, wie dann? Was ist anders, wenn Herr K. sich am Vormittag, wenn er Ergotherapie hat, anders verhält. Was ist anders, wenn Frau G. am Nachmittag auf ihrer Terrasse sitzt und kein vereinnahmendes

Verhalten zeigt, sondern mit einer Mitbewohnerin Kaffee trinkt und Frauenzeitschriften ansieht.

Wenn wir uns diese Fragen stellen, Fragen nach Ausnahmen eines Verhaltens, das wir ansonsten als vorherrschend wahrnehmen, dann merken wir schnell, ein Mensch ist kein Objekt mit unveränderlichen Eigenschaften, sondern wir zeigen in jeder Interaktion situationsabhängig andere Seiten von uns.

In unserer Gesellschaft liegt im Moment noch der Fokus darauf einen Menschen zu charakterisieren wie ein Stück Holz und zu sagen: Der Mensch *ist* so und so, und zwar immer. Wenn wir genauer hinschauen stellen wir etwas anderes fest: Der Mensch verhält sich in einer bestimmten Begegnung in einer bestimmten Situation oder in einem bestimmten Kontext vielleicht häufig ähnlich. Aber er zeigt sich nicht immer so. Es gibt

Ausnahmen zu den Tagen und Zeiten, in denen er sich vielleicht überwiegend depressiv zeigt. Vielleicht sind diese Ausnahmen nur kurze Zeiten, aber es gibt im Verlaufe eines Tages viele graduelle Unterschiede. Auf die Unterschiede sind vor allem Therapeuten geschult, die Menschen als individuelle Subjekte sehen, die in Beziehungen stehen, die mehr oder weniger günstig sich beispielsweise auf depressive Phänomene auswirken. In der Gesellschaft haben wir ein Bild von uns als Mensch, das nicht nur den Anspruch hat objektiv zu sein, sondern wir sehen uns selbst wie wir einen Gegenstand sehen würden.

Menschen sind von Natur aus böse. Menschen sind von Natur aus gut. Menschen haben einen unveränderlichen Charakter. Menschen sind von Natur aus spirituelle Wesen. Wer der Mensch sei, welche Vorstellung wir uns von der Natur des Menschen machen, ist abhängig vom Zeitgeist, der jeweiligen Kultur, von den persönlichen Einstellungen, von den Erfahrungen, die Menschen miteinander machen. Wer der Mensch sei, damit beschäftigt sich die Anthropologie, die Lehre vom Menschen. Die Anthropologie ist Teilgebiet vieler Geisteswissenschaften und der Naturwissenschaften. In der philosophischen Anthropologie geht es um die Bestimmung der Natur des Menschen. Wie Menschenbilder entstehen untersucht überwiegend die Sozialpsychologie. Wie jeder einzelne von uns seine Vorstellung darüber was der Mensch sei, prägt, hängt von seinen Erfahrungen mit anderen Menschen ab, von seinen Einstellungen und dem Wertesystem in dem er aufgewachsen ist, dass sich für ihn im Leben bewährt hat oder das er modifiziert hat. Die Vorstellung, die wir uns von unserer Natur als Menschen machen, ist nie vollständig und nicht losgelöst vom Zeitgeist ebenso wenig vom Stand der Forschung. Dennoch können wir uns nie auf ein vollständiges kohärentes

Menschenbild einigen. Jede Fachrichtung betont Aspekte des Menschseins und stillschweigende Voraussetzung von Theorien ist meist ein bestimmtes Menschenbild. So liegt dem Grundgesetz das Menschenbild von einem freien selbstbestimmten Menschen zugrunde. Die Medizin arbeitet mit einem Menschenbild, in dem es davon ausgeht, dass es beispielsweise für eine Krankheit einen kausalen Ursache-Wirkungsmechanismus gibt. Erst in unserer Zeit fließt in die Medizin ein Menschenbild ein, das den menschliche Organismus als ein komplexes System auffasst, das mit vielen anderen Systemen interagiert unter anderen mit den Einstellungen und dem Denken, der Weltsicht und des Lebensstils der jeweiligen Person.

In der Geschichte der Philosophie waren die Philosophen immer darum bemüht ein ganzheitliches Menschenbild zu zeichnen. Das ist nie gelungen, denn in jeder Zeit floss das in der jeweiligen Zeit vorherrschende Verständnis und Wissen vom Menschen und der Welt mit ein. Der Philosoph Wilhelm Vossenkuhl vergleicht die Bemühungen der Philosophen mit Humpty Dumpty, dem Ei aus dem englischen Kinderreim, das von einer Mauer fiel, entzwei ging und es niemanden gelang es wieder zusammenzusetzen - „Humpty Dumpty saß auf einer Mauer, Humpty Dumpty hatte einen schweren Sturz und alle Pferde und alle Männer des Königs konnten ihn nicht wiederherstellen."

Obwohl es unmöglich erscheint ein ganzheitliches Menschenbild zu kreieren, in das alle Aspekte des Menschseins einfließen, gibt es wohl nachwievor eine Sehnsucht nach einem solchen Menschenbild, vielleicht sogar die Vorstellung, dass es ein solches gibt. Ein ganzheitliches Menschenbild ist allein schon deshalb nicht möglich, führt Wilhelm Vossenkuhl aus, weil es bis „heute keine gemeinsame begriffliche Form [gibt], in welcher die Resultate der Wissenschaften von Menschen, von der Philosophie, der Theologie, der Psychologie und Soziologie bis zur Medizin und den Biowissenschaften theoretisch wohlgeordnet und kohärent untergebracht werden können." (2009: 267)

Es mag darüber hinaus viele Gründe geben, warum es nicht möglich ist, ein ganzheitliches Menschenbild zu zeichnen. Ein Grund mag darin bestehen, dass der Mensch an sich kein Gegenstand ist, sondern ein lebendes Wesen, das mit anderen in Beziehung steht. Der Interaktionsaspekt ist zwar im Menschen angelegt, aber er zeigt sich, in der Beziehung und da in der jeweiligen Interaktion. Wie Martin Buber sagte, lässt sich das Ich-Du-Verhältnis weder in Worte fassen noch beforschen. Der Anthropologe, Biologe, Kybernetiker, Philosoph Gregory Bateson, der von seinen Wissenschaftskollegen als der wichtigste Denker des vorigen Jahrhunderts bezeichnet wurde, hat sich über die Grenzen der Wissenschaften mit Strukturen beschäftigt. Er kommt zu dem Fazit: Egal was wir tun, wir stehen immer mit allem in Beziehung. Wir sind immer in Interaktion mit dem jeweiligen Kontext, ob wir das achtsam tun, das ist die Frage. Dieses Dazwischen, diese Abhängigkeit bringt uns dazu mehr über die dynamischen Prozesse vor dem Problem der Verbundenheit nachzudenken. Was bringt einen Menschen dazu, sich zu entfalten, in seiner Persönlichkeit zu wachsen, was lässt ihn den gegenteiligen Weg gehen? Deutlich können wir das in all den aufgeführten Beispielen im Umgang mit Demenz sehen, wenn die Betreuerinnen und Betreuer aus einer Haltung des Respektes arbeiten. Die Art und Weise wie wir miteinander umgehen ist zentral für unsere persönliche Entwicklung.

Der Interaktionsaspekt, der Aspekt des Dazwischen, wo Beziehung stattfindet, ist ein sehr wichtiger Aspekt, der bisher in unserem Bild vom Menschen nur wenig repräsentiert ist. Käme er vor, dann könnten wir gar nicht mehr von einem Bild, als einem starren Abbild sprechen, das sich in einem zweidimensionalen Medium erfassen lässt. Der Mensch spiegelt sich in vielen Medien. In den Augen des Anderen, wie Sokrates sagt, in der Kunst, der Literatur, der bildenden Kunst, der Musik, in seinen Handlungen, seinen Fragen. Leihen wir uns das Bild von Humpty Dampty, dem Ei, das von der Mauer fällt und in tausend Teile zerfällt, so dürfte es als Symbol stehen für die vielen Bilder, des vom Menschen gibt. Mehr als es Menschen auf der Erde gibt, den in jedem Augenblick mit jedem Atemzug zeigt sich Menschsein anders. Es gehört zu den großen Fragen unserer Zeit, die sich bereits Gregory Bateson und viele andere Menschen stellten: Was ermöglicht uns Wachstum, Weiterentwicklung und in welchem Sinne soll es stattfinden. Was ist es, was uns gewaltfreier miteinander, mit der Umwelt, mit unseren Ressourcen umgehen lässt – wie kommen wir weiter. Wie überleben wir und nicht nur das. In welcher Qualität.

Wenn wir uns diese und ähnliche Fragen stellen, ist es wichtig, dass wir uns bewusst sind wie vielfältig ein Menschenbild beschrieben werden kann, aus wie viel verschiedenen Perspektiven, wie viele Facetten zu berücksichtigen sind. Jeder Theorie, jedem Konzept, jeder Gesetzgebung, in allem was wir tun, setzen wir, ohne uns dessen bewusst zu sein und es benennen zu können, ein Menschenbild voraus, das von unseren Werten, unserem Zeitgeist, allgemeiner gesagt, von einem Muster bestimmt ist. Es ist an der Zeit, dass wir uns dessen bewusst werden. Wir haben ethische Verantwortung dafür, welche Aspekte und Ausschnitte der Natur des

Menschen wir zugrundelegen, wenn wir als Krankenkasse etwa ein Finanzierungssystem konzipieren, wenn wir als Staatsfrau und Staatsmann Konflikte mit anderen Staaten lösen wollen, wenn wir mit unseren Freunden sprechen. Wir sollten uns bewusst sein, welche Aspekte wir einbeziehen und warum und welche wir ausklammern und wir sollten uns bewusst sein, dass selbst das nicht ausreicht, dass wir nie alles erfassen können. Zur ethischen Verantwortung gehört es, dass wir uns klar machen, was wir ausklammern und was wir uns möglicherweise vergeben wenn wir es ausklammern.

In der Lebenspraxis bei der Betreuung von Menschen mit Demenz oder Menschen in anderen existenziellen Grenzsituationen ist es für eine subjektiv erlebte höchstmögliche Lebensqualität oder Wohlgefühl wichtige Voraussetzung, sich bewusst zu machen, von welchem Menschenbild ausgegangen wird. Es ist ein Unterschied, ob in einem Pflegeheim davon ausgegangen wird, dass Menschen einen unveränderlichen Charakter haben, dass sie durch Sanktionen und Erziehungsmaßnahmen, Reglementierung und Zurechtweisung sich nach bestimmten pflegerischen Vorgaben richten sollen oder ob im Pflegeheim davon ausgegangen wird, dass die Bedürfnisse des Menschen im Mittelpunkt stehen und durch empathische Einfühlung und entsprechende soziale Interaktion Brücken des Verstehens gebildet werden, die Selbstbestimmung respektiert wird und Raum gegeben wird, damit sich der Mensch als individuelle Persönlichkeit ausdrücken kann. Wir können für unser Zusammenleben viel davon lernen, wie wir Brücken des Verstehens zu Menschen mit Demenz bauen.

Wir haben die Wahl: Wir können uns bewusst machen, dass wir in vielen Situation von einer Vorstellung, einem Bild ausgehen, das wir von anderen Menschen, von uns Selbst und dem Menschen an sich haben. Und wir können uns bewusst machen, dass wir genauso gut eine andere Perspektive einnehmen können und schon zeigen sich andere Aspekte, ein anderes Bild. Wir können uns bewusst machen, dass wir selbst von Kontext zu Kontext, von Begegnung zu Begegnung anders interagieren.

Auf einem Bild ist eine Momentaufnahme festgehalten, die Farbe im Moment, die Bewegung im Moment, die Stimmung, das Licht des Moments, die Perspektive des Moments. Was fehlt ist die Dynamik, die Veränderlichkeit, das Prozesshafte, die Abhängigkeit von Licht und Stimmung vom jeweiligen Kontext. Menschen bewegen sich im Leben, sind ein Teil des Lebens, sie interagieren miteinander. Die Kontexte, in denen sie sich bewegen, verändern sich ständig. Sie verhalten sich im familiären Kontext anders, wie im beruflichen, in der Beziehung zu einem Menschen, der sich als sehr sprunghaft zeigt anders als in der Beziehung zu einem Menschen, der ausgeglichen ist. Viele kennen das Phänomen in Beziehungen mit Menschen, die uns nahe stehen. Die Beziehung zu einem Partner, einer Partnerin weckt unsere ruhigen ausgeglichenen Anteile. Trennen wir uns nach Jahren von dem Partner und lernen jemanden anderen kennen, dann kann es sein, dass wir uns in dieser neuen Beziehung verwandeln, Seiten an uns entdecken, die wir vorher nicht kannten. Wir werden mutig, abenteuerlustig beispielsweise, trauen uns Dinge zu, die wir vorher nicht taten, klettern auf Berge oder lernen tauchen, was für uns vorher unvorstellbar war.

Bei Menschen mit Demenz oder Menschen, die aus anderen Gründen abhängig davon sind, wie wir mit ihnen umgehen, können wir sehr gut beobachten wie Interaktion wirkt und das wir als Menschen nicht festgelegt sind, sondern wir im Miteinander und in der Art und Weise des

Miteinanders viele Seiten von uns zeigen und leben und uns entwickeln können. Es kann kein starres Bild von uns Menschen geben, auf dem ein Abbild festgeschrieben ist, wie wir sind, was alles zur Natur unseres Menschseins gehört. Es geht viel von unserer Natur und unseren Möglichkeiten verloren, lassen wir uns als Gattung bestimmen, wie ein Naturforscher eine neuentdeckte Spezies beschreibt. Menschenbilder sind immer nur Konstrukte. Meist liegen sie unhinterfragt unseren Theorien, Meinungen und Ansichten zugrunde. So wie wir vielleicht, wenn wir an einen dementen Menschen denken, das Bild eines verwirrten alten Menschen haben, der nicht selbstbestimmt leben kann. Wenn wir genauer hinsehen, entdecken wir, dass auch relativ junge, vierzig- und fünfzigjährige Menschen dement sein können. Dass sie nicht gänzlich verwirrt sind, sondern dass der Grad der in Erscheinung tretenden Verwirrung auch von der jeweiligen Interaktion mit einem dementen

Menschen abhängt. Vielleicht gelingt es uns offen zu sein, aus gewohnten Denkmustern und Sichtweisen herauszutreten und genau hinzusehen, aktiv zuzuhören und dem anderen und damit uns selbst zu begegnen.

Schauen wir genauer hin, treten wir mit Menschen auf der empathischen Ebene der Ich-Du-Verbindung in Kontakt, auf der Ebene des subjektiven Erlebens, dann können wir Vielfalt und Veränderlichkeit erfahren. Wir können reicher werden und wachsen, Neues am anderen und an uns wahrnehmen. Erfahrungszuwächse sind persönlicher Gewinn, sogenannte human resources. Wir können diesen mit anderen Menschen teilen und dabei offen bleiben für uns selbst und den Anderen neugierig wie ein Kind, um im Gewohnten Neues, Überraschendes zu entdecken und nicht in Rechthaberei verfallen. Mit diesem enormen sich mit jeder Begegnung entwickelnden

Reichtum verfügen wir über einen Schatz. Weise ist, wer sich dessen bewusst ist.

10

Der Stein der Weisen: Nach welcher Ethik wollen wir leben.

Eine Gesellschaft ist in den vergangenen Jahrzehnten aufgebrochen, um Brücken zu bauen, damit wir die Menschen, die uns einst vertraut und die uns durch Demenz oder andere die Persönlichkeit verändernde Krankheiten fremd werden, wieder zu erreichen. Forscher haben untersucht wie wir diesen Menschen trotz kognitiver Beeinträchtigungen eine gute Lebensqualität, Wohlbefinden, Freude und Glück ermöglichen können. Viele Menschen haben jenseits der Forschung versucht in der Lebenspraxis Wege zu finden, Menschen mit Demenz zu erreichen.

Verbindungen zu anderen Menschen zu schaffen, einen Raum herzustellen, in dem sich der Andere ausdrücken kann, in dem wir ihm zuhören und umgekehrt, in dem uns zugehört wird und wir uns ausdrücken können, ist eine wesentliche Basis für ein friedvolles Zusammenleben und für persönliches Wachstum. Ich habe in diesem Essay Haltungen und Forschungsergebnisse aus vielen Bereichen vorgestellt, die zeigen, dass wir unser Wohlbefinden, unser Glück, unsere Lebensfreude erhalten oder steigern können und uns selbst besser entwickeln können, wenn wir uns in einer respektvollen achtsamen Haltung begegnen.

Wir leben in einer Zeit der großen strukturellen Veränderungen: Völkerwanderungen und damit die Auseinandersetzung mit verschieden kulturell sozialisierten Menschen, die verschiedenen Glaubensrichtungen angehören. Die Grenzen unseres Wirtschaftssystems, die uns an die Grenzen unserer natürlichen Ressourcen bringen. Klimawandel und seine Folgen für das biologische Gleichgewicht der

Erde. Die natürlichen Leistungsgrenzen des Menschen und viele andere.

In vielen Lebensbereichen wird uns vorgelebt oder gehört es zum Berufsethos Menschen mit einer empathischen Kommunikation zu begegnen. Schauen wir uns diese Bereiche an. Lernen wir für unser aller Zusammenleben aus der Begegnung mit Menschen in existenziellen Grenzsituationen, wie der stetig wachsenden Zahlen von Menschen mit Demenz, die unsere nächsten Angehörigen sind und zu denen wir den Kontakt nicht verlieren wollen, mehr noch, denen wir Wohlbefinden ermöglichen wollen.

Viele andere Beispiele aus der Praxis, die ich im Demenzzentrum Sonnweid oder anderen Einrichtungen erlebte, zeigen, dass wir umdenken müssen. Insofern ist nicht von ethischen Herausforderungen bei Demenz – denn die bewältigt die Gesellschaft zunehmend besser – zu sprechen, sondern eher umgekehrt:

Wir können von den Herausforderungen vor die die Demenz die Gesellschaft stellt für andere Lebensbereiche lernen. Was sollen wir tun? Wie sollen wir handeln? Können wir das Menschenwürdeprinzip ignorieren, wenn eine Gesellschaft, eine Kultur vor großen Herausforderung steht, wie die hohe Anzahl an Menschen mit Demenz oder wie aktuell die Flüchtlingssituation und die innere Sicherheit. Wir leben in einer Krisenzeit in der Angst dominiert. Leicht vergessen wir unsere menschlichen Ressourcen, all die Fähigkeiten, die wir im Laufe der letzten Jahrzehnte entwickelt haben, um friedlich zusammen-zuleben und das größtmögliche Wohlbefinden zu erreichen. Wir sind überfordert, werden unsicher. Eine solche Unsicherheit gab es immer wieder in der Menschheitsgeschichte. Beispielsweise an der Schwelle vom Mittelalter zur Neuzeit. Im Mittelalter herrschte ein Menschenbild vor, bei dem man davon ausging, dass in der Natur und im Menschen ein immanenter Zweck inne wohnt. Die Aufgabe des Menschen bestehe nun darin, diesen Zweck zu erkennen und sich entsprechend zu vervollkommnen. In der frühen Neuzeit hingegen, entwickelte sich die Wissenschaft: Johann Gutenberg entwickelte den Buchdruck, Christoph Kolumbus entdeckte Amerika. Es war das Zeitalter der großen astronomischen Entdeckungen. Ein neues Weltbild entstand, in dem die Sonne im Mittelpunkt des Universums stand und nicht wie bisher die Erde. Im Zuge des sich neu entwickelnden Weltbildes ging man davon aus, dass in der Natur des Menschen kein eigener Zweck innewohnt, sondern der Mensch sich selbst einen Zweck setzen kann. Dieses neue Menschenbild, führte zu neuen ethischen Herausforderungen: Es entstand die Situation vieler konkurrierender guter Zwecke. Welches war nun der richtige gute Zweck? Die Ethik stand vor der Aufgabe ein universelles Prinzip zu finden. Es entstanden, die bis heute gültigen großen ethischen Ansätze: Kants deontologischer Ansatz, der besagte, dass es nicht nur darum geht, das moralisch Richtige zu tun, sondern auch das moralisch Gute. Und es entstand der utilitaristische Ansatz. In diesem Ansatz gilt als moralisch gut, was den größten Nutzen bringt.

Es ging darum analog zu naturwissenschaftlichen Gesetzen, ein moralisches Gesetz zu finden, das als absolutes, allgemeingültiges Gesetz gilt und uns sagt, warum wir moralisch handeln sollen. Das ist bis heute das Bestreben der Ethik. Gibt es tatsächlich ein solches Gesetz? Kant hat begründet, warum wir moralisch handeln müssen, warum wir eine Notwendigkeit zum moralischen Handeln haben. Weil wir über Vernunft verfügen und aufgrund dessen frei sind zu handeln. Das begründet die Pflicht für vernunftbegabte Wesen, sich darüber Gedanken zu machen, was als moralisch gut und richtig gilt und nach welchen Gesetzen, Kriterien, Richtlinien gehandelt werden soll. Aber es lassen sich außer der Verpflichtung zum moralischen Handeln keine inhaltlichen Handlungsanweisungen ableiten, wie konkret in welcher Situation zu handeln sei.

Wenn wir die Lebenspraxis der Versorgung von Menschen mit Demenz sehen und wenn wir unser aller Lebenspraxis sehen, dann wird deutlich, dass die Vernunftfähigkeit des Menschen nicht isoliert betrachtet werden kann. Ebenso wenig wie ein einzelner Mensch isoliert betrachtet werden kann. Der Aspekt, dass wir alle in Beziehung stehen und das Begegnung zwischen Menschen, personale Interaktion, unsere Ressourcen, sowohl die kognitiven als auch viele andere, wie Freude am Leben, Wohlbefinden, Wahrnehmungsfähigkeit, emotionale Befindlichkeiten und viele andere beeinflusst und zu einem besseren verändern kann wird oft vernachlässigt.

Berücksichtigen wir, dass wir alle in sozialer Interaktion stehen und die Qualität unserer Beziehungen für die gelebte ethische Praxis für die Zukunft unserer Weltgesellschaft eine große Rolle spielen sollte.

Betrachten wir Menschen uns als ein lebendes System, das mit vielen anderen lebenden Systemen interagiert, dann sehen wir, dass jeder von uns eine Verantwortung für die Gestaltung der Interaktion hat. Denn je nachdem, ob wir mit dem anderen achtsam oder ignorant umgehen oder mit uns umgegangen wird, beeinflussen wir sein Wohlbefinden, seine Lebensbedingungen, ebenso wie unsere beeinflusst werden. Es dürfte klar sein, dass ein jeder von uns eine große Verantwortung für Beziehungen und Interaktion hat, sowohl zu sich selbst, auch seinen Mitmenschen. Jede ethische Frage, die sich im Alltag ergibt, ist letztlich individuell zu behandeln. Wir haben aufgrund unseres

Verstandes die Verpflichtung und Verantwortung sorgfältig zu prüfen und uns darum zu bemühen, stillschweigend gemachte Voraussetzungen sichtbar zu machen, um sicher zu gehen, inwieweit unsere eigenen Wertvorstellung unser Urteil bezogen auf einen anderen Menschen beeinflussen. Wir können uns bewusst machen, unter welchen Vorzeichen Entscheidungen getroffen werden, welchen Zweck Entscheidungen dienen und dann einen Konsens finden, mit dem Bewusstsein, dass wir Entscheidungen modifizieren können und das wir eine Verantwortung dem Leben gegenüber haben und das alles in Zusammenhang steht und sich gegenseitig beeinflusst. Wir sollten uns bewusst sein, dass ethische Verantwortung vor allem darin besteht, dass wir uns aller Kriterien, die zur Entscheidung notwendig sind, bewusst sind. Wir sind Gestalter und Beobachter von Systemen und verändern sie als solche, denn alles was wir tun ist Interaktion.

Den Stein der Weisen im Sinne von Allwissenheit und der Kenntnis, was objektiv und unumstößlich sei, haben wir nicht. Für uns gilt das Prinzip der Subjektivität. Alles ist von unserer Ausstattung, über die wir als Menschen verfügen, abhängig und dennoch ist es nicht festgelegt, denn wir interagieren, wir sind in Verbindung mit anderen lebenden Systemen. Die Biologen Humberto R. Maturana und Gerda Verden-Zoller schreiben in ihrem Buch „Liebe und Spiel. Die vergessenen Grundlagen des Menschseins": „Nichts kann in uns oder mit uns geschehen, was unsere Biologie nicht erlaubt. Aber unsere Biologie legt nicht fest, was in uns geschieht. Was in einem lebenden System geschieht, ist abhängig von seiner gelebten Geschichte. Das heißt, das lebende System muss sein Werden in Interaktionen in einem operational unabhängigen Medium leben. Deshalb ist es schlichtweg falsch, von biologischer Determination zu sprechen. Wir Menschen sind biologische Wesen, die sich in einem kulturellen Raum verwirklichen." (1997: 14)

Wir Menschen verfügen über einen Verstand, über Emotionalität und vieles andere und wir sind uns über all das bewusst. Wir können die Welt erkennen, wenn auch nicht im Ganzen, sondern immer nur im Rahmen unserer Wahrnehmungsmöglichkeiten und abhängig von individuellen Werten und Mustern und denen unseres Zeitgeistes. Und wir können uns moralische Gesetze geben, die unser Zusammenleben regeln. Und das ist der Punkt. *Wir geben uns* moralische Gesetze. Nach welchen Kriterien geben wir uns moralische Gesetze und warum leben wir sie manchmal und warum treten sie in Krisen außer Kraft? Eine außerordentliche Verantwortung, die wir haben.

Als eine Orientierung für ethisches Handeln kann Heinz von Förster ethischer Imperativ gelten, der an Kants kategorischen Imperativ angelehnt ist, aber deutlich praxisnäher formuliert ist: „Handle stets so, dass die Anzahl der Wahlmöglichkeiten größer wird." Es gibt sicher viele Wege die Anzahl der Wahlmöglichkeiten zu erhöhen. Die Anzahl der Wahlmöglichkeiten wird in jedem Fall in dem Moment größer, in dem wir uns des sozialen Aspektes besinnen und über respektvolle, wertschätzende soziale Interaktion uns und andere einladen sich zu öffnen zu entfalten, zu gestalten und auf eine wertschätzende Art und Weise miteinander zu wirken.

ANHANG

Literatur

Arendt, Hannah: Vita Acitiva oder vom tätigen Leben, München 1981

Buber, Martin: Ich und Du, Stuttgart, 1995

Bowlby, John: Frühe Bindung und kindliche Entwicklung, München 2005

Damasio, Antonio: Selbst ist der Mensch. Körper, Geist und die Entstehung des menschlichen Bewusstseins, München, 2011

Düwell, Marcus, Hübenthal, Christoph, Werner, H. Micha: Handbuch der Ethik, Stuttgart, Weimar, 2006

Förstl, Hans: Theory of Mind, Heidelberg, 2007

Goleman, Daniel: Emotionale Intelligenz, München 1997

Goleman, Daniel: Soziale Intelligenz, München 2006

Hargie, Owen: Die Kunst der Kommunikation, Bern 2013

Hüther, Gerald: Was wir sind und was wir sein könnten, Frankfurt am Main, 2011

Kitwood, Tom: Demenz. Der person-zentrierte Ansatz im Umgang mit verwirrten Menschen, Bern, 2008.

Maturana, R. Humberto, Werden-Zöllner, Gerda: Liebe und Spiel. Die vergessenen Grundlagen des Menschseins. Heidelberg, 1997

Rogers, Carl: Der neue Mensch, Stuttgart, 1981

Rosenberg R., Marshall: Gewaltfreie Kommunikation. Eine Sprache des Lebens, Paderborn, 2011

Tolle, Eckhart: Jetzt!, München, 2002

Vossenkuhl, Wilhelm: Über vergangene Modelle und neue Ideologien, in: Vossenkuhl, Wilhelm (Hrsg.): Ecce Homo! Menschenbild – Menschenbilder, Stuttgart, 2009

Literaturempfehlungen

Bateson, Gregory: Ökologie des Geistes. Anthropologische, psychologische, biologische und epistemologische Perspektiven, Frankfurt am Main, 1994

Feil, Naomi: Validation in Anwendung und Beispielen, München, 2010

Förster, Heinz von und Bröcker, Monika: Teile der Welt. Fraktale Ethik, Heidelberg, 2014

Jens, Inge: Unvollständige Erinnerungen, Hamburg, 2010

Jochims, Inke: NLP für Profis, Berlin, 2010 (über Alfred Korzybski)

Von Kibéd, Matthias Varga/Sparrer, Insa: Ganz im Gegenteil, Heidelberg, 2014

Kruse, Andreas (Hrsg.): Lebensqualität bei Demenz?. Zum gesellschaftlichen und individuellen Umgang mit einer Grenzsituation im Alter, Heidelberg, 2011

Schmieder, Michael und Entenmann, Uschi: Dement, aber nicht bescheuert, Berlin, 2015

Sparrer, Insa: Systemische Strukturaufstellungen. Theorie und Praxis, Heidelberg, 2009